La reconnaissance légale de l'économie sociale et solidaire (ESS)

Logiques Juridiques

Fondée par Gérard Marcou
Dirigée par Thomas Perroud

Le droit n'est pas seulement un savoir, il est d'abord un ensemble de rapports et pratiques que l'on rencontre dans presque toutes les formes de sociétés. C'est pourquoi il a toujours donné lieu à la fois à une littérature de juristes professionnels, produisant le savoir juridique, et à une littérature sur le droit, produite par des philosophes, des sociologues ou des économistes notamment.

Parce que le domaine du droit s'étend sans cesse et rend de plus en plus souvent nécessaire le recours au savoir juridique spécialisé, même dans des matières où il n'avait jadis qu'une importance secondaire, les ouvrages juridiques à caractère professionnel ou pédagogique dominent l'édition, et ils tendent à réduire la recherche en droit à sa seule dimension positive. À l'inverse de cette tendance, la collection « Logiques juridiques » des éditions L'Harmattan est ouverte à toutes les approches du droit. Tout en publiant aussi des ouvrages à vocation professionnelle ou pédagogique, elle se fixe avant tout pour but de contribuer à la publication et à la diffusion des recherches en droit, ainsi qu'au dialogue scientifique sur le droit. Comme son nom l'indique, elle se veut plurielle.

Dernières parutions

Jean-Pierre BÉNARD, *Nos redoutables paranoïas de gouvernance, Un impensé lourd de conséquences*, 2025.
Myriam CARESSA et Christophe DOUBOVETZKY (dir.), *Langue(s) et droit(s). Enjeux et paradoxes en France*, 2025.
Gabrielle BEGUIN, Nina LASBLEIZ et Jérôme PRÉVOST-GELLA (dir.), *Standard contre standards, Réflexions sur une catégorie juridique en droit public*, 2025.
Brune-Laure DUGOURD, *Les organismes de titrisation*, 2025.
Christophe DELATTRE, *Le ministère public et la prévention des difficultés des entreprises*, 2025.
Alessio BELLI, *La citoyenneté sociale à la recherche d'un nouvel imaginaire normatif. L'héritage oublié*, 2025.

Sous la direction de
Marie Rakotovahiny

La reconnaissance légale de l'économie sociale et solidaire (ESS)

Où en est-on dix ans après
la loi n°2014-856 du 31 juillet 2014 ?

L'Harmattan

Du même auteur :

Droit coopératif en collaboration avec Madame Ch. Mas-Bellissent, (2016), collection Mise au point- Ellipses.

5-7, rue de l'École Polytechnique - 75005 Paris
www.editions-harmattan.fr
ISBN : 978-2-336-55499-0
EAN : 9782336554990

Avant propos

L'occasion qui nous est offerte aujourd'hui dans le cadre de l'avant-propos de cet ouvrage intitulé, **La reconnaissance légale de l'ESS, où en est-on dix ans après la loi n°2014-856 du 31 juillet 2014 ?** est idéale pour présenter l'**ARJESS**[1], née de la volonté d'un groupe de juristes répartis aux quatre coins de la France.

De manière liminaire, il est bon de se pencher sur la relation entre le droit et l'ESS, qui révèle un paradoxe singulier. Tandis que ce secteur suscite des analyses toujours plus variées et approfondies émanant d'un large éventail de chercheurs et d'observateurs — sociologues, économistes, politistes, historiens — le juriste, lui, semble peiner à en saisir les contours, à en apprécier les spécificités[2]. Il peine à cerner la place exacte qu'occupe l'ESS au sein des politiques sociales, à mesurer les relations d'influence mutuelle qu'elle entretient avec le droit, à la situer dans le cadre plus traditionnel de la production normative, à appréhender son éloignement avec les circuits économiques traditionnels, que le droit s'est évertué à pacifier en les réglementant.

Ce constat a été dressé par un auteur M. Borgetto dans un article dans lequel il établit le constat que les juristes sont largement absents des réflexions autour de l'ESS. A cet égard, le titre de son article est évocateur : « L'économie sociale et solidaire : quelle place pour le droit ?»[3]. Dès les premières lignes, il fait le constat de la pauvreté des liens

---

[1] Association juridique de recherche sur l'économie sociale et solidaire.

[2] M. Borgetto, *L'économie sociale et solidaire, Quelle place pour le droit* ?, chapitre d'ouvrage in Les dynamiques de l'économie sociale et solidaire, Sous la direction de Jean-Noël Chopart, Guy Neyret et Daniel Rault, Editions la Découverte, 2006, p.205.

[3] *Ibid.*

entre ces deux mondes. Trois raisons expliquent cet éloignement : l'absence d'une définition générale et opératoire de l'ESS, l'absence d'un statut juridique propre aux acteurs du secteur, et l'absence quasi-totale de recherches juridiques explorant le contenu, le périmètre et les perspectives d'évolution de cette économie alternative.

C'est pour pallier cette inconsistance, pour donner au droit toute sa place dans l'ESS, que l'idée d'une association d'universitaires et de chercheurs s'intéressant à ces questions a germée. Ce projet d'association avait déjà éclos dans l'esprit de certains d'entre nous, et pourtant les obstacles semblaient nombreux ; « pas le bon moment », « cela n'a pas d'intérêt », « les juristes ne se passionnent pas pour l'ESS » (…). Mais mal informé celui qui se prétend son propre contemporain, le développement de l'ESS porté par des sensibilités nouvelles, les rencontres opportunes et les bonnes personnes réunies au bon moment ont fini par créer le terreau fertile nécessaire à la naissance de l'ARJESS.

Alors pourquoi l'ARJESS ? Pour dépasser, certainement, le désintérêt traditionnel des juristes pour l'ESS. Pour affronter l'immensité du champ à défricher[1] sans doute. Je reprendrai ici les mots d'Antoine de Saint-Exupéry : « Le métier de témoin m'a toujours fait horreur. Que suis-je, si je ne participe pas ? J'ai besoin, pour être, de participer »[2]. Et c'est bien de cela qu'il s'agit : participer. Participer au développement de l'ESS, à son essor, car il ne fait aucun doute que l'ESS n'ignore pas le droit[3]. Elle est régie comme toute activité sociale par des règles. Mais le contraire n'est pas vrai : le droit, lui, tend à ignorer largement l'ESS, comme l'évoque toujours M. Borgetto.

---

[1] M. Borgetto, art. précité, p.206.

[2] A. de Saint-Exupéry, *Pilote de guerre*, Gallimard, édition de la collection « La Pléiade » publiée en 1953 par p.354.

[3] M. Borgetto, art. précité, p.207.

L'ARJESS porte l'espoir de voir le droit occuper enfin la place qui lui revient. De contribuer à structurer, à rationaliser l'ESS, d'en clarifier les contours. En effet, le droit est un instrument privilégié pour accompagner son développement. Jusqu'à présent, les acteurs de l'ESS ont su puiser dans les législations et réglementations existantes les mécanismes ou les montages juridiques qui leur semblaient les plus adaptés. Mais il est temps que cette relation devienne plus équilibrée, que le droit cesse d'ignorer cet acteur essentiel de la transformation sociale.

Si l'ESS s'est accommodée jusqu'ici de la relative indifférence du droit, il est pourtant nécessaire que ce dernier prenne enfin la mesure de cette économie nouvelle et des enjeux qu'elle porte. Que l'on parle des statuts, des moyens ou de la nature même des activités de l'ESS, il devient indispensable de définir précisément ses contours juridiques. Et c'est pour cela que l'ARJESS est née.

De l'idée à l'action, il reste un pas à faire, ainsi l'association se veut être un acteur engagé, partie prenante des réflexions sur l'avenir de l'ESS, ancrée dans la réalité des pratiques, proche des acteurs de terrain, souvent plus en avance sur le droit, car façonnés par les usages. Elle nourrit l'ambition de rendre visible cette économie qui contribue à façonner une société plus résiliente, où l'épanouissement humain, la préservation des écosystèmes et la réduction des inégalités deviennent des priorités essentielles.

« L'avenir n'est jamais que du présent à mettre en ordre, tu n'as pas à le prévoir, mais à le permettre »[1] nous rappelait déjà Antoine de Saint-Exupéry. Il ne nous appartient pas de prophétiser l'avenir de l'ESS, mais de créer les conditions de son essor, en mettant en ordre le présent, en structurant ce qui, jusqu'ici, s'est souvent développé sans cadre juridique clair.

---

[1]A. de Saint-Exupéry, *Citadelle,* 1948, Edition Gallimard, collection « NRF », chapitre LVI, page 167.

En guise de conclusion, je tiens à remercier mes collègues, mes compagnons de route dans cette aventure. Leur engagement témoigne de la force d'un collectif qui unifié, regarde dans la même direction et s'attelle à alimenter un nouveau champ disciplinaire du droit. Certes la tâche est ardue, mais ensemble, nous pouvons tracer un chemin. Ensemble, nous croyons en la capacité du droit de servir d'appui à l'ESS et à pérenniser, donner un cadre légal sans jamais entraver un projet de société nouveau, portant espoir de transformation de la société.

Sommaire

LISTE DES ABREVIATIONS

ACI : Alliance coopérative internationale
ACPR : Autorité de contrôle prudentiel et de résolution
AJDA : Actualité juridique droit administratif
BJS : Bulletin Joly droit des sociétés
BJT : Bulletin Joly droit du travail
BOFIP : Bulletin officiel des finances publiques
BOI-RES-BIC :Bulletin officiel des finances publiques-Bénéfices industriels et commerciaux
CAE : coopérative d'activité et d'emploi
CAPE : Contrat d'appui au projet d'entreprise
Cass. 1e civ. : Cour de cassation, 1e chambre civile
Cass. 2e civ. : Cour de cassation, 2e chambre civile
Cass. 3e civ. : Cour de cassation, 3e chambre civile
Cass. com. : Cour de cassation, chambre commerciale
CE : Conseil d'état
CER : compte d'emploi annuel des ressources
CESA : Contrat d'entrepreneur salarié
CGI : Code général des impôts
CJUE : Cour de justice de l'Union européenne
CNVA : Conseil national de la vie associative
CPCA : Conférence permanente des coordinations associatives
CRE : Commission de Régulation de l'Energie
CSE : comité social et économique
CSESS : Conseil Supérieur de l'Économie Sociale et Solidaire
COFRAC : Comité français d'accréditation
DREETS : Direction régionale de l'économie, de l'emploi, du travail et des solidarités
Dr. fisc : Droit fiscal
Dr. et Patr. : Droit et Patrimoine
ESA : Entrepreneur salarié associé
ESUS : Entreprise Solidaire d'Utilité Sociale
FDD : Fonds de dotation
Gaz. Pal. : Gazette du palais

GIP :	Groupement d'Intérêt Public
IAE :	Insertion par l'activité économique
IGAS :	Inspection Générale des Affaires Sociales
IGPDE :	Institut de la gestion publique et du développement économique
JA :	Juris associations
JCP :	Semaine juridique
JCP G :	Semaine juridique, édition générale
LPA :	Les petites affiches
OBSL :	Organisme sans but lucratif
OCDE :	Organisation de Coopération et de développement économique
OIT :	Organisation Internationale du Travail
Op. cit. :	Opus citatum (« l'œuvre déjà citée »)
PAC :	Politique agricole commune
PAT :	projet alimentaire territorial
RECMA :	Revue des études coopératives, mutualistes et associatives
Rép. des soc. :	Répertoire des sociétés (Dalloz)
Rev. dr. rur. :	Revue Droit Rural
RDT :	Revue de droit du travail
RFSE :	Revue française de socio-économie
RJE :	Revue juridique de l'environnement
RTDCom :	Revue trimestrielle de droit commercial
RTES :	Réseau des collectivités Territoriales pour une Economie Solidaire
SAEMSL :	Société anonyme d'économie mixte sportive locale
SAOS :	Société anonyme à objet sportif
SEMSL :	Société d'économie mixte sportive locale
SCIC :	Société coopérative d'intérêt collectif
SIAE :	Structure d'insertion pour l'activité économique
TIG :	Travail d'intérêt général
TZCLD :	Territoire Zéro Chômeurs de Longue Durée

Chapitre 1 : Le champ renouvelé de l'ESS

La gouvernance démocratique des entreprises de l'économie sociale et solidaire

par Kristina Rasolonoromalaza
Maître de conférences en droit privé et sciences criminelles
Université Marie et Louis Pasteur
Centre de recherches juridiques de Franche-Comté (UR 3225)

Associationnisme, syndicalisme, mutualisme et coopérativisme ne formaient à l'origine, au XIXe siècle, qu'un seul et même mouvement social d'auto-organisation économique autour de pratiques d'entraide mutuelle. Il s'agissait de permettre aux ouvriers de défendre leurs droits et leurs intérêts, de devenir propriétaires des outils de production et de leur force de travail, de réduire leurs dépenses en regroupant leurs achats, de s'assurer contre les risques pour leur santé et pour leurs biens, d'obtenir des prêts, etc. Ce n'est que dans le dernier quart du XIXe siècle que le législateur a commencé à adopter des lois consacrant des statuts juridiques différents.

En faisant entrer « la république dans l'atelier »[1], l'associationnisme a marqué une rupture avec les pratiques démocratiques de la IIIe République, qui passait tout juste

[1] D. Clerc, *Henri Feugueray, faire entrer la République dans l'atelier*, Alternatives économiques, n°445, avril 2024, p.91-93.

du suffrage censitaire au suffrage universel masculin. Dans l'associationnisme, non seulement le suffrage est universel, mais en plus l'opposition entre démocratie directe et indirecte ne s'applique pas, en raison du principe de double qualité : les membres du groupement sont aussi ses usagers (consommateurs ou producteurs). La hiérarchie managériale aussi tend à s'effacer par la pratique autogestionnaire de rotation des tâches.

Aujourd'hui, la double qualité et l'autogestion ne sont plus la norme dans l'ESS. Toutefois, il est d'usage d'affirmer que dans la loi n° 2014-856 du 31 juillet 2014 relative à l'ESS, le principe « une personne, une voix » reste un critère distinctif, à côté de l'utilité sociale [1] et de la non-lucrativité ou lucrativité limitée[2]. En réalité, l'article 1-I-2° pose comme condition : « Une gouvernance démocratique, définie et organisée par les statuts, prévoyant l'information et la participation, dont l'expression n'est pas seulement liée à leur apport en capital ou au montant de leur contribution financière, des associés, des salariés et des parties prenantes aux réalisations de l'entreprise ». Par conséquent, le législateur se contente ici de définir la gouvernance démocratique par la négative : la gouvernance démocratique *n'est pas* une répartition classique du droit de vote proportionnelle aux apports au capital social, « une part sociale (ou action), une voix », mais il n'est nulle part question de consacrer le principe « une personne, une voix ». Le guide définissant les conditions d'amélioration continue des bonnes pratiques des entreprises de l'économie sociale et solidaire édité par le CSESS en 2016 ne reprend pas non plus le principe « une personne, une voix ». En effet, la doctrine en droit privé a pu mettre en

---

[1] Cf. contribution d'H. Durand, *Approche juridique de l'utilité sociale et de l'impact social dans l'économie sociale et solidaire*, p. XX.

[2] Cf. contribution de J.-N. Stoffel, *La lucrativité limitée : identification et portée d'un principe cardinal de l'ESS*, p. XXX.

évidence les nombreuses entorses au principe « une personne, une voix », notamment dans les formes juridiques historiques d'entreprises de l'ESS que sont les associations[1] et les coopératives[2].

Qu'entend-on donc par « gouvernance démocratique » ? Du latin *gubernare*, qui signifie gouverner, piloter un navire, dérivent deux notions voisines, à ne pas confondre cependant : la gouvernance et le gouvernement. Depuis trente ans en effet, à la suite du Professeur Alain Couret[3], la doctrine juridique française distingue, d'une part, le « gouvernement » de l'entreprise, expression qui « focalise l'attention sur la structure du pouvoir et de la représentation des intérêts dans la direction de l'entreprise » et, d'autre part, la « gouvernance » de l'entreprise, c'est-à-dire « la nature des obligations, des devoirs et des droits que doivent respecter les dirigeants des entreprises ou auxquels ils doivent obéir ». C'est bien de gouvernance au sens juridique dont il s'agit dans les recommandations du CSESS dans son guide des bonnes pratiques 2016 en matière de gouvernance démocratique, à travers le questionnaire d'autoévaluation des pratiques proposé, pour pallier les lacunes de la loi de 2014.

Comment le droit peut-il garantir la gouvernance démocratique dans l'ESS, c'est-à-dire la pratique du pouvoir de direction et d'administration d'entreprises de l'ESS par et pour le *demos* ? et qui est ce *demos,* ce « peuple », dans l'entreprise de l'ESS ? Ce questionnement

---

[1] H. Durand, *La gouvernance des associations*, éd. Dalloz, coll. Nouvelle bibliothèque de thèses, vol. 143, Paris, 2015.

[2] C. Schmitt, *Le principe "un homme, une voix" dans les sociétés coopératives.* Thèse de doctorat en droit privé Droit soutenue à l'Université de Franche-Comté, Besançon 2015. En ligne : https://tel.archives-ouvertes.fr/tel-01555599 (consulté le 14 décembre 2018).

[3] A. Couret, *Le gouvernement d'entreprise : la corporate governance*, *D.* 1995, p. 163.

nous conduit à envisager plusieurs modalités possibles de la gouvernance démocratique dans l'entreprise (I) et à rechercher l'option la plus souhaitable pour l'ESS, dans l'optique d'une éventuelle révision de la loi Hamon (II).

I. Les deux voies majeures de gouvernance démocratique dans les entreprises de l'ESS

L'autogestion originelle suggère que le *demos,* dans l'entreprise de l'ESS, ne saurait être que l'assemblée générale des membres (A). Or, le mouvement de responsabilité sociétale des entreprises de ces quarante à cinquante dernières années, notamment avec le concept de « parties prenantes », mobilisé dans la définition légale par la négative de la gouvernance démocratique, tend à élargir la foule de ceux à qui l'entreprise doit rendre compte de son impact social et environnemental, et donc ont un droit de regard sur la conduite de ses affaires (B).

A. Du principe « une personne, une voix » dans l'ESS

1. L'acapitalisme du pouvoir des membres dans l'ESS consacré par la loi, un critère distinctif à relativiser

Contrairement aux idées reçues, le droit commun des sociétés ne consacre pas le principe « une part sociale (ou action), une voix », mais énonce seulement deux règles relatives à la répartition du droit de vote des associés en dehors des cas particuliers du démembrement de propriété et des époux associés :

1°/ « Tout associé a le droit de participer aux décisions collectives »[1];

---

[1] Code civil, art. 1844, al. 1.er

2°/ « Les décisions qui excèdent les pouvoirs reconnus aux gérants sont prises selon les dispositions statutaires ou, en l'absence de telles dispositions, à l'unanimité des associés »[1].

En droit commun des sociétés, le principe « une part sociale (ou action), une voix » n'est donc pas édicté par le législateur, mais procède uniquement de la volonté des associés telle qu'exprimée dans les statuts.

Il en va autrement de sociétés commerciales. Dans les sociétés à responsabilité limitée, chaque associé dispose d'un nombre de voix égal à celui des parts sociales qu'il possède[2] . Dans les sociétés anonymes, le droit de vote attaché aux actions de capital ou de jouissance est proportionnel à la quotité de capital qu'elles représentent et chaque action donne droit à une voix au moins, sauf dérogation expresse prévue par la loi[3], telles que les actions à dividende prioritaire sans droit de vote[4]. Dans les sociétés en nom collectif, « Les décisions qui excèdent les pouvoirs reconnus aux gérants sont prises à l'unanimité des associés. Toutefois les statuts peuvent prévoir que certaines décisions sont prises à une majorité qu'ils fixent »[5].

En revanche, dans les sociétés par actions simplifiées, dans le silence des textes spéciaux, on revient à la règle de droit commun de l'article 1852 précité. La règle « une personne, une voix », si tant est qu'elle ait réellement cours dans l'ESS (puisque rien n'empêche une association loi 1901 d'accorder un droit de veto ou un droit de vote multiple à une catégorie de membres dans ses statuts, comme celle des membres fondateurs ou encore des membres bienfaiteurs, et puisque le vote par collège de

---

[1] Code civil., art. 1852.

[2] Code de commerce, art. L. 223-28, al. 1er.

[3] Code de commerce, art. L. 225-122, I.

[4] Code de commerce, art. L. 225-125.

[5] Code de commerce, art. L.221-6, al. 1er.

membres de sociétés coopératives d'intérêt collectif réduit le poids du vote par tête), n'est donc un critère distinctif opérant des entreprises de l'ESS que par opposition à certaines sociétés commerciales de l'économie libérale.

2. Une conception restrictive de la gouvernance démocratique, cantonnée à l'assemblée générale

Dans sa tentative de définition de la gouvernance démocratique dans l'ESS, l'article 1er de la loi n°2024-856 du 31 juillet 2014 reprend la conception classique, issue du libéralisme politique, des droits politiques des membres, dont l'exercice se cristallise autour de l'assemblée générale, pris comme cadre spatio-temporel de la démocratie au sein des groupements. En droit des sociétés[1], ces droits politiques comprennent essentiellement :

- Le droit à l'information avant l'assemblée générale (libre consultation du rapport de gestion des dirigeants des comptes annuels et des éventuels rapports généraux et spéciaux des commissaires aux comptes et rapport de certification des informations en matière de durabilité, l'ordre du jour[2] et le texte des propositions de délibérations qui seront mises au vote lors de l'assemblée générale) ;
- Le droit d'assister à l'assemblée générale en personne, et donc d'être convoqué(e) à l'assemblée générale ;
- Le droit de poser des questions, préalablement posées au dirigeant par écrit ou spontanées ;
- Le droit de voter personnellement ou de se faire représenter, et ainsi d'élire ceux à qui l'assemblée générale

---

[1] En droit commun : Code civil, art. 1855 et 1856 ; en droit spécial : Code de commerce, art. L. 223-26 (SARL), L. 225-115 à 118 (SA) et L. 221-7 (SNC).

[2] Il est possible de faire ajouter des points à l'ordre du jour sous certaines conditions, notamment dans la SARL (Code de commerce, art. L. 223-27, al. 5) et la SA (R. 225-71 et s.).

délègue ses pouvoirs et de leur donner quitus sur présentation de leur rapport annuel.

Ce système de démocratie indirecte représentative permet aux membres de poursuivre leur participation politique hors de l'assemblée générale, via les mandataires sociaux que sont les membres de conseils d'administration ou de surveillance, et, ultimement, par le biais des représentants légaux (président, gérant ou membres du directoire).

Mais il fait l'objet d'une critique sur le caractère représentatif des dirigeants ainsi élus, tant dans les sociétés commerciales classiques que dans l'ESS (au vu de l'âge, du sexe, de la catégorie socioprofessionnelle d'origine, de l'appartenance ethnique réelle supposée). À cet égard, il semble paradoxal que le législateur contraigne uniquement les entreprises de plus de 1000 salariés à plus de diversité et d'inclusivité, au moyen, d'une part, de la loi n° 2019-486 du 22 mai 2019 relative à la croissance et la transformation des entreprises (dite loi « PACTE »), dont l'article 184 vise à renforcer la représentation des salariés dans les conseils d'administration des grandes entreprises employant au moins 1.000 salariés en France ou au moins 5.000 salariés lorsque la société a des filiales à l'étranger et, d'autre part, de la loi n°2021-1774 du 24 décembre 2021 visant à accélérer l'égalité économique et professionnelle dite « loi Rixain », dont l'article 14 a instauré une obligation de représentation équilibrée entre les femmes et les hommes parmi les cadres dirigeants et les membres des instances dirigeantes des entreprises employant au moins 1 000 salariés pour le troisième exercice consécutif. Or, les femmes ne représentent que 35 % des présidents d'association et restent donc largement minoritaires à cette fonction dirigeante[1].

B. De la théorie des parties prenantes dans l'ESS

La théorie des parties prenantes pourrait peut-être pallier ce délicat problème de représentativité. Comme l'article 1er de la loi n°2024-856 du 31 juillet 2014, l'article 3-1-d du règlement (UE) n°346/2013 du Parlement européen et du Conseil du 17 avril 2013 relatif aux fonds d'entrepreneuriat social européens, dans sa version consolidée actuellement en vigueur, se réfère lui aussi à la théorie des parties prenantes pour décrire le mode de gouvernance attendu dans l'entreprise sociale, en tant qu'elle « est gérée de manière transparente et oblige à rendre des comptes, notamment par l'association de son personnel, de ses clients et des parties prenantes concernés par ses activités économiques ».

La théorie des parties prenantes a commencé à se construire en 1984 grâce au philosophe R. Edward Freeman (*Strategic Management. A Stakeholder Approach*). Pour comprendre la notion de *stakeholde*r (traduit en français par « partie prenante »), il faut d'abord savoir qu'il s'agit d'un jeu de mots : le stakeholder (littéralement, « celui qui détient un enjeu ») s'oppose au *shareholder* (littéralement « celui qui possède une action » ou « actionnaire » en français), encore appelé *stockholder.* Pour R. Edward Freeman, le *stakeholder* se définit comme un individu ou un groupe d'individus pouvant affecter ou être affecté par la réalisation des objectifs d'une organisation (i.e. une

[1]Institut National de la Jeunesse et de l'Éducation Populaire, *Les femmes encore largement minoritaires à la présidence des associations*, Injep analyses & synthèses n° 66, 8 mars 2023.

entreprise, un organisme privé sans but lucratif ou une organisation publique non lucrative).

L'identification et la typologie des parties prenantes ne sont pas aisées, mais l'on range le plus souvent sous cette qualification les salariés et leurs syndicats, les clients et bénéficiaires, les fournisseurs (dont la banque et l'assurance de l'organisation), l'État et les collectivités territoriales dans lesquelles se situe l'organisation, la communauté de riverains de l'organisation et autres représentants de la société civile (associations civiques, organisations non gouvernementales).

Selon la théorie des parties prenantes, l'organisation est dépendante des parties prenantes, et réciproquement. Par conséquent, il importe de tenir compte des intérêts des parties prenantes dans la stratégie à moyen ou long terme[1].

1. La représentation des parties prenantes constituantes dans la démocratie indirecte

Les salariés, parties prenantes « constituantes » (ou internes), au même titre que les associés et les dirigeants[2], sont déjà associés dans certains cas à la gestion et à la direction de l'entreprise selon les méthodes de codétermination et de cogestion.

La codétermination intègre des représentants des salariés dans les instances dirigeantes de la société, d'une part à égalité de voix, d'autre part avec les mêmes prérogatives que les représentants des actionnaires. Là encore, la France ne rend obligatoire la codétermination que dans les grandes entreprises : les sociétés anonymes de plus de 1 000 salariés

---

[1] M. Bonnafous-Boucher, J. Dahl Rendtorff, De *"la partie prenante" à la théorie des parties prenantes*, in *La théorie des parties prenantes,* Paris, La Découverte, coll. Repères, p. 9-32, 2014.

[2] K. Rasolonoromalaza, *L'éthique d'entreprise, une grammaire du pouvoir*, in M. Rakotovahiny et K. Rasolonoromalaza (Dir.), Dossier spécial Entreprise et éthique, Dr. et patr., 2022, n°326, p. 20-24.

en France, filiales comprises, ou 5 000 en France et à l'étranger, filiales comprises, ont l'obligation d'intégrer, dans leur conseil d'administration (dans le schéma moniste) ou dans conseil de surveillance (dans le schéma dualiste), un membre salarié est élu si les statuts prévoient jusqu'à huit membre, et deux si les statuts prévoient plus de huit membres. Il est élu, directement ou indirectement, par les salariés eux-mêmes dans les sociétés anonymes monistes et, dans les sociétés anonymes dualistes, par les actionnaires, parmi les salariés actionnaires ou parmi les salariés membres du conseil de surveillance d'un fonds commun de placement d'entreprise détenant des actions de la société[1].

La cogestion consiste à confier à un organe composé exclusivement de salariés un droit de regard sur des aspects déterminés de l'organisation du travail. En France, c'est le CSE qui joue ce rôle[2]. Son rôle varie en fonction de la taille des effectifs. Dans les entreprises de 11 à 49 salariés, le CSE

- porte les revendications individuelles et collectives en matière de rémunération, de protection sociale et de conventions et accords collectifs,
- promeut la santé, la sécurité et les conditions de travail dans l'entreprise,
- diligente des enquêtes dans certains cas : accidents du travail, maladies professionnelles ou enquêtes à caractère professionnel dans le cadre de leur droit d'alerte, par exemple (en cas de danger grave et imminent, d'atteinte aux droits des personnes, ou de risque grave pour la santé publique ou l'environnement)

---

[1] Code de commerce, art. L. 225-27-1, L. 225-71 et L. 225-79.

[2] Pour aller plus loin : M. Cohen, L. Milet, *Le droit des comités sociaux et économiques et des comités de groupe. Commissions santé, sécurité et des conditions de travail, représentants de proximité, conseils d'entreprise, comités d'entreprise européens*, 20e éd., Paris, LGDJ, 2025.

- peut saisir l'Inspecteur du travail s'il constate un manquement de l'employeur dans tous les domaines d'action précités.

Dans les entreprises d'au moins 50 salariés, le CSE dispose d'un champ d'intervention beaucoup plus vaste. En plus des prérogatives susmentionnées, il :

- donne son avis sur le règlement intérieur, rédigé par l'employeur,
- assure « l'expression collective des salariés permettant la prise en compte permanente de leurs intérêts », en matière de gestion et d'évolution économique et financière de l'entreprise, d'organisation du travail, de formation professionnelle, de techniques de production[1],

- est obligatoirement consulté par l'employeur sur l'organisation générale de l'entreprise, la modification de l'organisation économique ou juridique de l'entreprise, les orientations stratégiques, la situation économique et financière, la politique sociale et relative aux conditions de l'emploi, les évènements ou situations susceptibles d'affecter les conditions (offre publique d'acquisition, changement de contrôle, restructuration, ouverture d'une procédure collective), la codétermination, les mesures de nature à affecter le volume ou la structure des effectifs, les conditions d'emploi, de travail, notamment la durée du travail, et la formation professionnelle, le contrôle de l'activité des salariés, les mesures prises en vue de faciliter la mise ou le maintien au travail des malades, des accidentés, des invalides et des travailleurs en situation de handicap, notamment sur l'aménagement des postes de travail,

- gère toutes les activités sociales, culturelles et sportives,

---

[1] Code du travail, art. L. 2312-8, I.

- œuvre à faciliter l'accès à l'emploi des femmes à tous les postes, à l'adaptation et à l'aménagement des postes de travail aux travailleurs handicapés,

- met en place des actions de prévention du harcèlement moral et des violences sexistes et sexuelles,

- peut exercer un droit d'alerte économique s'il a connaissance de faits de nature à affecter de manière préoccupante la situation économique de l'entreprise (dans un but de prévention des difficultés économiques et pour éviter l'ouverture d'une procédure collective),

- peut exercer un droit d'alerte sociale s'il a connaissance de faits pouvant caractériser un recours abusif aux contrats de travail à durée déterminée.

- peut conclure des accords collectifs en matière d'intéressement et de participation,

- peut mandater des experts : expert-comptable, expert de gestion, expert en santé ou en sécurité, ou expert libre.

Rien n'empêche les entreprises de l'ESS de moins de 11 salariés de se doter d'un CSE aux pouvoirs les plus étendus, voire, pour celles qui en ont déjà un, de le faire passer d'un rôle de consultation et de concertation (encore appelé « dialogue social ») à un organe de codécision, dans tout ou partie de ses domaines d'intervention, par voie d'accord d'entreprise. Pour l'heure, la communauté des juristes constate que les ordonnances Macron du 22 septembre 2017, ratifiées par la loi n°2018-217 du 29 mars 2018, ont eu pour effet de concentrer le dialogue social sur les préoccupations de compétitivité et de performance économique[1].

---

[1] H. Révillon, *Droit de la négociation collective et discours économique,* Paris, Dalloz, coll. Nouvelle Bibliothèque de Thèses, vol. 249, 2025.

2. Participation des parties prenantes, utilité sociale et mesure de l'impact social

Il est aussi possible de renforcer la teneur démocratique de la gouvernance classique (i.e . un système de démocratie directe représentative) par l'introduction de dispositifs de démocratie dite « délibérative » ou « participative ». Il s'agit ici d'organiser des consultations ponctuelles des parties prenantes, internes ou externes, en tout ou partie, soit en sollicitant certaines catégories de parties prenantes uniquement, soit en mobilisation uniquement un échantillon de l'ensemble des catégories de parties prenantes, choisis soit de manière aléatoire, soit en raison de leur représentativité pour leur catégorie, soit par combinaison des deux méthodes comme au sein de la convention citoyenne pour le climat[1]).

Le guide des bonnes pratiques du CSESS de 2016, à valeur de *soft law* pour l'interprétation de la loi de 2014, encourage les entreprises de l'ESS à recourir à ces consultations en préconisation :

- l'élaboration d'une cartographie des parties prenantes,
- l'organisation de réunions d'information périodiques sur le projet stratégique de l'entreprise,
- la mise en place de débats et de codécisions entre parties prenantes,
- l'association des salariés aux réflexions stratégiques (procédures d'information et de consultation),
- l'association des clients-bénéficiaires-usagers-adhérents aux réflexions stratégiques.

Ab initio, au titre du management stratégique, il paraît nécessaire que les fondateurs de l'entreprise de l'ESS

[1] Convention citoyenne pour le climat, « Les 150 ». Consultable en ligne : https://propositions.conventioncitoyennepourleclimat.fr/les-150/ (consulté le 20 novembre 2024).

impliquent les potentiels usagers au processus de détermination (puis de révision) de la clause statutaire d'objet social, c'est-à-dire au choix des activités économiques (production et distribution de biens ou prestations de services, à titre onéreux ou gratuit) d'utilité sociale au sens de l'article 2 de la loi du 31 juillet 2014. Cela assiérait la performance et la légitimité de l'entreprise dans son champ d'intervention.

Tout au long de la vie de l'entreprise de l'ESS, il semble pertinent que celle-ci se dote de sa propre méthode d'évaluation périodique d'impact social, dans le règlement intérieur (généralement plus simple à réviser que des statuts), dans le but de s'affranchir de la pression des financeurs (qui sont pourtant des parties prenantes externes), et qu'elle soumette cette évaluation aux salariés, bénévoles, usagers, riverains, collectivités territoriales et État. Cela peut être formalisé par la création dans les statuts d'un organe *ad hoc*, qui se réunirait à intervalle régulier, à l'instar du comité de mission des sociétés à mission[1]. Cela permettrait à l'entreprise de l'ESS de mieux adapter les biens et services qu'elle propose aux besoins et préférences de ceux pour qui elle entend se rendre utile, et donc de faire émerger des innovations sociales au sens de l'article 15 de la loi de 2014[2].

Quid des autres décisions relevant du management stratégique (vision à moyen terme) et opérationnel (projets, événements à court terme, comme la conception de nouveaux produits ou services) ? Il ne semble ni possible, ni souhaitable de décider de tout, avec toutes les parties prenantes, selon un système de démocratie directe, mais

---

[1] Code de commerce art. L. 210-10, 3°.

[2] M. J. Bouchard et B. Lévesque, *Les innovations sociales et l'économie sociale et solidaire*, in J. Defourny et M. Nyssens (Dir.), *Économie sociale et solidaire. Socioéconomie du 3e secteur De Boeck Supérieur*, Louvain-la-Neuve, 2017, p. 397-432.

deux principales modalités de gouvernance partagée ont été conceptualisées en sciences humaines et sociales depuis les premières communautés autogérées au XIXe siècle : d'abord la théorie de la sociocratie développée par le philosophe Auguste Comte, où le pouvoir est donné à la société tout entière, puis l'holacratie en sciences de gestion où les autorités sont distribuées de façon explicite [1].

Ces deux modalités de gouvernance partagée ont en commun, d'une part, la prise de décision, non pas par vote ou par consensus (c'est-à-dire par recherche du plus petit dénominateur commun), mais par consentement formé lorsqu'il n'y a plus d'objection argumentée et constructive, y compris pour les élections (sans candidat) et, d'autre part, la formation de cercles de coopération, dans lesquelles des décisions sont prises, et qui rassemblent les personnes concernées par ces décisions. Ces différentes pratiques peuvent être formalisées en des termes juridiques dans des chartes, à valeur conventionnelles, en partant, par exemple, du canevas proposé par Constitution Holacracy 5.0[2].

Il convient toutefois de souligner que la condition préalable, « se mettre en posture de coopération »[3], ne paraît réaliste que dans la mesure où les intérêts des différents protagonistes sont similaires (une seule catégorie de partie prenante) ou convergent suffisamment pour qu'ils s'investissent dans une recherche sincère de consentement, et à la condition que des procédures d'entrée et de sortie de la gouvernance partagée soient clairement définies. Tel est le cas lorsqu'il s'agit de membre possédant la double

---

[1]B. M. Chiquet, *Dix ans d'holacratie : et après ?*, *Harvard Business Review France,* 1er avril 2021.

[2] Nova Consul, *Constitution Holacracy® 5.0* . En ligne : https://nova-consul.com/holacratie/constitution-holacracy-5-0/#article1 (consulté le 2 juin 2025).

[3] Université du Nous (UdN), *Cultiver sa posture*, 18 mars 2019. Consultable en ligne : https://vimeo.com/325002094 (consulté le 1er juin 2025).

qualité (membre et travailleur ou membre et usager), ou lorsque l'ensemble des catégories de parties prenantes en présence font prévaloir la conception de l'entreprise comme un bien commun sur leurs intérêts particuliers.

Après avoir vu les frustrations que génèrent le vote en assemblée générale et la complexité de chaque nuance de prise en compte de la théorie des parties prenantes dans la perspective d'une gouvernance aussi démocratique que possible, il convient désormais de rechercher quelles règles générales, impersonnelles et contraignantes de gouvernance démocratique pourraient être retenues pour caractériser les entreprises de l'ESS.

II. Quelles règles de gouvernance démocratique consacrer dans la loi ?

Nous l'avons dit, le principe « une personne, une voix » n'est pas généralisable à l'ensemble des formes juridiques d'entreprises de l'ESS, même historiques. Pire encore, les entreprises de l'ESS ne peuvent pas toutes prendre pour *demos* leurs seuls membres et la démocratie indirecte représentative dans l'ESS semble se trouver durablement dans une impasse (A). Au vu des exigences induites par les pratiques de gouvernance partagée, cette modalité de gouvernance démocratique nous paraît à la fois la plus ambitieuse et la plus porteuse pour l'intérêt collectif (B).

A. Critique pragmatique de la démocratie indirecte représentative dans l'ESS

1. De nombreux cas d'absence d'assemblée générale dans l'ESS

Les fondations[1] et fonds de dotation[2] sont des entreprises de l'ESS par détermination de la loi n°2014-856 du 31 juillet 2014. Or, puisqu'il s'agit de groupements de biens et non de personnes et que, de ce fait, ceux-ci peuvent tout à fait n'être fondés et animés que par une seule personne physique ou morale. Pour cette raison, les fondations et fonds de dotation n'ont pas d'assemblée générale. Les fonds de dotation sont gouvernés par un conseil d'administration qui comprend au moins trois membres et les fondations, par un conseil d'administration ou un directoire avec conseil de surveillance, en principe.

L'image d'Épinal que représentent les premières communautés autogérées empêchent de penser l'entreprise de l'ESS unipersonnelle. Or, les sociétés commerciales unipersonnelles, c'est-à-dire l'entreprise unipersonnelle à responsabilité limitée et la société par actions simplifiée unipersonnelle, ne sont pas exclues du champ légal de l'ESS. Aussi longtemps qu'elles n'ont qu'un seul associé, elles ne tiennent pas d'assemblée générale. En revanche, l'entreprise individuelle ne peut pas être juridiquement qualifiée d'entreprise de l'ESS, puisque ne sont admises dans l'ESS que les personnes morales[3].

---

[1] Loi n°2024-856 du 31 juillet 2014, art. 1er- II-1°.
[2] Loi n°2024-856 du 31 juillet 2014, titre VI – art. 80 et s.
[3]Loi n°2024-856 du 31 juillet 2014, art. 1er-I.

2. La panne durable de la démocratie indirecte représentative, y compris dans l'ESS

Même là où il existe une assemblée générale (dans les associations, les coopératives, mes mutuelles et les sociétés commerciales pluripersonnelles de l'ESS), l'effondrement de la participation au vote n'encourage pas à prendre pour *demos* de la gouvernance démocratique les membres seuls. C'est vrai au moins dans les grandes entreprises de l'ESS[1]. Une récente étude révèle encore que dans les coopératives agricoles, le taux de participation chute en dessous de 25 % des membres dès le seuil de 75 millions de chiffre d'affaires franchi[2]. La crise de la démocratie indirecte représentative se jauge aussi à l'aune de la désertion des élections professionnelles. Le principal facteur explicatif serait l'éclatement des « communautés de travail »[3], qui s'aggrave par le recours accru aux contrats de travail précaires, à la sous-traitance et à l'externalisation, la généralisation du télétravail, la diversification des trajectoires professionnelles, le développement des réseaux d'entreprises et des groupes de sociétés, les fréquentes restructurations et réorganisations. « Or, les interstices sont

---

[1] J.-R. Alcaras, P. Gianfaldoni, M. Le Friant et al., Économie *sociale et démocratie sociale : le sociétariat en question*, in C. Bourreau-Dubois, C., B. Jeandidier (Dir.), *Économie sociale et droit, t. 2 : Économie sociale et solidaire, famille et éducation, protection sociale et pauvreté*, Paris, L'Harmattan, 2006, p. 10. – C. Bousquet, V. Monties, D. Richard, *L'économie sociale et solidaire après la loi du 31 juillet 2014 : le "choc des cultures*", Questions de management, n°31, 2021, p. 88-89.

[2] Association nationale de la révision, Observatoire de la gouvernance des coopératives agricoles. Panorama de la gouvernance et point de vue des administrateurs, 5e éd., juin 2021. En ligne : https://actualites-agricoles.lacooperationagricole.coop/images/files/2021/AA-2021-07-23/Observatoire%20gouvernance%20coop%20Juin%202021.pdf (consulté le 1er novembre 2024).

[3] M. Rivolier, La *Communauté de travail*, Semaine Sociale Lamy, n°2113, 11 nov. 2024.

des lieux où l'intelligence collective dérive, parce que les cultures sont différentes, les intérêts divergent, la communication se passe mal, les interfaces ne sont pas structurées »[1].

Autre conséquence de cet éclatement : la communauté de travail ne se pense plus qu'à travers les conflits collectifs du travail, et le résultat des référendums, qui court-circuitent le dialogue social, se réduit à la somme des intérêts individuels exprimés. Dans ces conditions, il est difficile de croire que la mise en place d'un CSE fort dans toutes les entreprises de l'ESS, quelle qu'en soit la taille, rendrait effectif le principe de gouvernance démocratique.

Reste alors à se tourner vers la gouvernance partagée, mais est-elle généralisable à l'ensemble des entreprises de l'ESS ?

B. L'ambitieuse généralisation de la démocratie participative dans l'ESS

1. Les exigences de l'« empuissancement » (empowerment) en gouvernance partagée

La gouvernance partagée ne se décrète pas, car elle présuppose une foi plus grande dans l'intelligence collective que dans les compétences personnelles des mandataires sociaux et managers[2]. Conformément à la thèse rousseauiste selon laquelle la démocratie directe ne peut se vivre qu'à petite échelle, la gouvernance partagée, elle aussi ne peut se vivre qu'au sein d'un petit groupe d'individus. « Le nombre empêche la prise de parole. Paradoxalement,

[1] C. Morel, Les *dérives de l'intelligence collective*, Sciences Humaines, 2014/9, n° 36, août 2014.

[2] C. Pébarthe, B. Stiegler, *Démocratie ! Manifeste,* Bordeaux, éd. Les Bords de l'Eau, 2023.

plus il y a de monde dans une réunion, moins il y a de chances qu'une erreur soit détectée et corrigée »[1]. Elle exige aussi de (ré)apprendre à prendre la parole en public, à organiser sa pensée en mots, à argumenter, à maîtriser l'art oratoire[2], mais aussi l'écoute, la communication non violente, le lâcher-prise[3].

La gouvernance partagée présente aussi quelques écueils. Les retours d'expérience mettent en évidence une forte charge de travail, qui confine parfois au sur engagement, ce qui n'est pas étonnant car la démocratie directe athénienne exigeait des 6 à 10 000 hommes formant le corps électoral de se réunir en assemblée (*ecclésia*) quarante fois par an, et de trop grandes responsabilités[4]. Pour éviter ces écueils, bien délimiter le rôle de chacun est fondamental.

Les outils numériques ne nous paraissent pas la solution pour faciliter la mise en œuvre de la gouvernance partagée, car elle atténue voire modifie la perception sensorielle des interactions humaines, qui est un élément-clé de la délibération. Enfin, il faut être conscient que l'engagement dans la gouvernance partagée repose sur trois ressorts :

1) La dimension affective (attachement émotionnel et sentiment d'appartenance),

2) L'engagement normatif moral (« je me dois de rester dans l'organisation ») et

---

[1] C. Morel, préc.

[2] P. Chiron, P. Fache, Regards *croisés sur la pertinence des arts oratoires anciens pour un humanisme de la parole*, *Question(s) de Management ?* n°42, mars 2023, p. 105-111.

[3] F. Duboscq-Bollon, Management - *Gouvernance - L'holacratie, ça marche vraiment* ?, JA 2024, n°695, p. 43.

[4] I. Agassiz, F. Gonin, M. Konishi et al., *Holocratie : la force de l'autonomie*, HEC Montréal, « Gestion », 2019/3 Vol. 44, p. 34 -40.

3) La dimension de continuité, opportuniste (« je n'ai pas d'autres choix que de rester ou si je souhaite partir cela m'est relativement coûteux »)[1].

2. L'espoir du goût retrouvé de la satisfaction de l'intérêt collectif

Sous ces (nombreuses) réserves, choisir la gouvernance partagée comme norme impérative de gouvernance démocratique dans l'ESS paraît pertinent et porteur d'un espoir de redynamisation de l'engagement citoyen, dans un contexte international d'affaiblissement du modèle politique démocratique.

« Donner son avis, argumenter, entendre l'avis des autres, éventuellement se rallier à des avis différents et accepter la décision finale sont autant de compétences apprises dans l'expérience de la participation [...]. En créant des espaces de délibération, elle [la gouvernance partagée] pousse les membres à vouloir comprendre le monde qui les entoure, à prendre en compte les opinions d'autrui et à élargir l'éventail de leurs préoccupations »[2].

La recherche commune de l'intérêt collectif renforce, pour les salariés, l'autonomie et le sens au travail et, pour l'ensemble des parties prenantes, la responsabilité et le sentiment d'être utile. La gouvernance partagée dans l'ESS

---

[1] X. Hollandts, *Coopératives agricoles : la grande panne du modèle de gouvernance*, The Conversation, 24 fév. 2023. En ligne : https://theconversation.com/cooperatives-agricoles-la-grande-panne-du-modele-de-gouvernance-200310 (consulté le 20 nov. 2024).

[2] T. Barthoulot, T., M. Fahmy, *Territoires innovants en économie sociale et solidaire*, *La gouvernance démocratique en économie sociales : les effets bénéfiques*, 2022. En ligne : https://tiess.ca/outils/la-gouvernance-democratique-les-effets-benefiques (consulté le 20 décembre 2022).

concilie donc à la fois l'intérêt collectif et l'épanouissement individuel[1].

[1] B. Sibille, H. Sibille, « Vive l'entreprise ESS libérée ! », 1er juin 2018. Consultable en ligne à l'adresse : https://blogs.alternatives-economiques.fr/sibille/2018/06/01/bastien-et-hugues-sibille-vive-l-entreprise-ess-liberee (consulté le 20 juin 2018).

Approche juridique de l'utilité sociale et de l'impact social dans l'économie sociale et solidaire

par Hélène Durand
Maître de conférences
Université de Perpignan
Chercheure au CDED (Université de Perpignan)
Chercheure associée au CDA (Ecole de Droit de Toulouse)

A la diversité des acteurs de l'économie sociale et solidaire répond une diversité des modes de reconnaissance institutionnels, certains subordonnés à l'adoption d'une forme juridique donnée et d'autres non. Ainsi, l'entreprise de l'ESS peut être reconnue d'utilité publique, d'intérêt général, d'utilité sociale, agréée entreprise solidaire d'utilité sociale, porter un projet d'innovation sociale, s'inscrire dans une démarche de RSE, de RSO, de RTE[1], évaluer son impact social ou encore sa valeur ajoutée sociétale... Le rapport Rocher de 2021 avait par ailleurs proposé d'ajouter à cette liste un nouveau statut, celui d'association à mission, calqué sur celui des sociétés à mission des articles L.210-10 à -12 du code de commerce[2].

Cette énumération, probablement incomplète, ne peut qu'interloquer. Cette multiplication des statuts et autres outils de mesure de la vertu d'une organisation est-elle bien nécessaire ? N'entretient-elle pas au contraire des confusions inutiles ? Vaut-il mieux être reconnu d'utilité

---

[1] Responsabilité territoriale des entreprises.

[2] Rapport Rocher, *Repenser la place des entreprises dans la société : bilan et perspectives deux ans après la loi Pacte*, 19 octobre 2021.

publique ou agréé ESUS ? En définitive, quel critère est le plus représentatif de l'ESS, qu'est-ce qui relève de son essence ?

La loi de 2014 semble vouloir replacer l'utilité sociale au cœur de l'ESS pour délimiter son champ, puisque toute société commerciale qui prétendrait l'intégrer devrait apporter la preuve de l'utilité sociale de son activité. D'ailleurs l'idée de recentrer le débat autour de cette notion n'est pas nouvelle, même si l'objectif n'était pas le même, puisque dès 1995 le CNVA[1] avait proposé dans son rapport de mettre en place une procédure unique de reconnaissance d'utilité sociale, proposition reprise par les rapports Langlais[2] et Morange[3]. Elle se serait ainsi substituée à la reconnaissance d'utilité publique et à celle d'intérêt général pour permettre aux associations de bénéficier d'avantages fiscaux ou de financements publics[4]. Ce « label d'utilité sociale » était surtout présenté comme « l'un des moyens de prise en compte d'une véritable identité associative »[5].

Même si ces propositions sont pour l'instant restées lettre morte, elles mettent en avant la nécessité d'une simplification des divers modes de reconnaissance qui concernent les entreprises de l'ESS. Une telle clarification pourrait s'appuyer sur la notion d'utilité sociale, caractéristique fondamentale de l'ESS. Cependant, mettre

---

[1] CNVA, L'utilité *sociale des associations et ses conséquences en matière économique, fiscale et financière*, 15 juin 1995. Le CNVA est depuis devenu le HCVA.

[2] L. Langlais, *Pour un partenariat renouvelé entre l'État et les associations*, rapport ministériel, juin 2008, p. 26.

[3] P. Morange, *Rapport d'information sur la gouvernance et le financement des structures associatives,* n° 134, Assemblée nationale, 1er oct. 2008, p. 41-42.

[4] C. Amblard, *Intérêt général, utilité publique ou utilité sociale : quel mode de reconnaissance pour le secteur associatif* ?, RECMA, n° 315, 2010, p. 21-39.

[5] CPCA, *La reconnaissance de l'utilité sociale des associations*, JA 1997, n°164, p.31.

l'utilité sociale au cœur de l'ESS pour définir son domaine et simplifier l'accès de ses acteurs à leurs droits serait-il vraiment efficace ? En réalité il conviendrait en priorité de clarifier la notion même d'utilité sociale, car elle connaît actuellement des acceptions différentes qui rendent difficile son appréhension, tant d'un point de vue juridique que pratique.

I. La définition juridique de l'utilité sociale

L'ESS ne connaît pas une utilité sociale, mais des utilités sociales, avec des effets juridiques variés (A). Toutefois, il paraît possible de retirer des différents textes une définition unique de l'utilité sociale (B).

A. Des différentes acceptions juridiques de l'utilité sociale

Les difficultés d'appréhension de la notion d'utilité sociale en droit découlent en partie de sa proximité avec d'autres concepts, mieux connus. Ses liens avec l'intérêt général notamment sont très étroits. Pourtant, les deux notions ne se confondent pas. Pour Alexandra Euillet, l'utilité sociale est une notion dérivée de l'intérêt général[1]. Là où une action d'intérêt général ne générera pas nécessairement un profit direct pour chaque citoyen, une action d'utilité sociale produira un double effet en satisfaisant d'abord les besoins d'un groupe donné, bénéficiaires directs de l'action, mais en entraînant également une incidence sur la société dans sa globalité. Toutefois l'utilité sociale vise un champ plus étroit que l'intérêt général, qui touche un large éventail d'activités.

[1]A. Euillet, *L'utilité sociale, une notion dérivée de celle d'intérêt général*, RDSS 2002, n°2, p.207.

La notion d'utilité sociale a été introduite par le droit fiscal. Le Commissaire du gouvernement Delmas-Marsalet l'a développée en 1973 comme condition d'exonération de l'impôt sur les sociétés pour les organismes sans but lucratif[1]. Jusqu'aux années 60 environ, cette exonération ne bénéficiait qu'aux associations qui pratiquaient des tarifs inférieurs aux coûts des services rendus et ne parvenaient à l'équilibre que grâce à des subventions ou des dons. Tout excédent était imposé, la non-lucrativité était synonyme de déficit chronique[2]. Le Conseil d'Etat a par la suite changé sa doctrine, et a rendu une série d'arrêts considérant que le caractère non lucratif d'une œuvre n'était pas remis en cause du seul fait de l'apparition d'excédents dès lors que ceux-ci n'étaient pas systématiquement recherchés et qu'ils étaient réinvestis dans l'œuvre[3]. Puis, la jurisprudence s'est intéressée aux conditions dans lesquelles ces excédents sont apparus.

C'est dans ce contexte qu'a été développée la notion d'utilité sociale, à propos de l'affaire de la Clinique Saint-Luc[4]. L'association gérant cette clinique considérait pouvoir bénéficier de l'exonération des impôts commerciaux du fait de sa gestion désintéressée et du réinvestissement de ses excédents dans l'activité. Le commissaire du Gouvernement Delmas-Marsalet, chargé de conclure dans cette affaire, est venu conditionner l'exonération à un nouveau critère, celui de l'utilité sociale, pour éviter qu'elle ne profite « à des groupements dont la gestion, pour bénévole et désintéressée qu'elle soit,

---

[1] Conclusions du Commissaire du gouvernement Delmas-Marsalet, CE 30 nov. 1973, req. n°95 599, Dr. fisc. 1974, n° 17-18, com. 531.

[2] T. Guillois, *De l'utilité sociale, critère de la non-lucrativité*, Dr. fisc, 1997, n°7, p. 223.

[3] CE, 31 déc. 1959 n°45 383, Dr. fisc. 1960, n° 13, comm. 41 et doctr., concl. M. Poussière ; CE, 15 juin 1960, n° 45 RO, p. 111 ; CE, 15 mai 1961, n° 34 497, Dr. fisc. 1961, n° 26 comm. 598.

[4] CE, 30 nov. 1973, req. n°95 599, précité.

n'apporterait aux usagers ou à la collectivité d'autres avantages que ceux qu'ils peuvent retirer du marché »[1].

Il considérait alors que « l'exonération n'est justifiée que si les bénéficiaires normaux des services de l'institution ou la collectivité lorsqu'elle prend en charge leurs dépenses, profitent directement des fruits de sa gestion désintéressée, que ce soit parce qu'elle leur rend des services à des conditions, notamment de prix, nettement plus avantageuses que celles offertes par les entreprises commerciales ayant un objet analogue, ou que ce soit parce qu'elle rend des services qui ne sont pas normalement fournis par le marché ».

Bien que le terme d'utilité sociale ne soit pas employé, cette décision en prépare l'émergence, sur la base de deux critères : l'un, de type économique (coût inférieur), l'autre de type structurel (absence de solution marchande pour un besoin reconnu)[2].

Depuis, la doctrine et la jurisprudence fiscales ont essayé d'affiner cette définition. Doivent être considérés d'utilité sociale[3] :

- « L'activité qui tend à satisfaire un besoin qui n'est pas pris en compte par le marché ou qui l'est de façon peu satisfaisante » ;
- « Les actes payants réalisés principalement au profit de personnes justifiant l'octroi d'avantages particuliers au vu de leur situation économique et sociale (chômeurs, personnes handicapées notamment, etc.) ».

---

[1] Conclusions du Commissaire du gouvernement Delmas-Marsalet, précit.

[2] J. Gadrey, *L'utilité sociale des organisations de l'économie sociale et solidaire*, rapport de synthèse pour la DIES et la Mire, février 2004, p.28.

[3] BOFiP-Impôts, BOI-IS-CHAMP-10-50-10-20 du 7 juin 2017, § 630 et 640.

Comme le Conseil d'État l'a clairement affirmé dans son célèbre arrêt « Jeune France » du 1er octobre 1999[1], la recherche de l'utilité sociale conduit en définitive à mettre en corrélation le produit ou le service fourni avec le public bénéficiaire des services proposés. Surtout, il y a utilité sociale lorsque la collectivité profite aussi des effets produits par les prestations de la structure, et que ce bénéfice collectif est recherché en tant que tel par cette dernière[2].

Au-delà de cette approche fiscale, de loin la plus développée, le législateur a fait quant à lui référence à l'utilité sociale dans la loi n°2001-624 du 17 juillet 2001 introduisant les SCIC en son article 36. Ces sociétés ont en effet pour objectif « la production ou la fourniture de biens et de services d'intérêt collectif, qui présentent un caractère d'utilité sociale »[3]. Un décret d'application est venu préciser que « pour apprécier le caractère d'utilité sociale du projet, le préfet tient compte notamment de la contribution que celui-ci apporte à des besoins émergents ou non satisfaits, à l'insertion sociale et professionnelle, au développement de la cohésion sociale, ainsi qu'à l'accessibilité aux biens et aux services »[4]. L'appréciation est ainsi déplacée des biens et services au projet d'ensemble, ce qui manifeste un décalage par rapport à l'approche fiscale de l'utilité sociale[5]. Le CSESS a pu souligner que cette définition de l'utilité sociale est spécifique aux SCIC, et implique d'apprécier l'action concrète de l'entreprise sur

---

[1]CE 1er oct. 1999, n° 170289, Lebon ; D. 2000. 477, note J.-L. Lenclos

[2] T. Guillois, art. précité.

[3] Loi n° 2001-624 du 17 juillet 2001 portant diverses dispositions d'ordre social, éducatif et culturel, JO du 18 juil., art. 36.

[4] Décret n°2002-241 du 21 févr. 2002, art. 3, al. 2. L'agrément préfectoral prévu par cet article a aujourd'hui disparu.

[5] D. Hiez, *SCIC*, Rép. des sociétés, Dalloz.

son environnement, par l'impact direct ou indirect de sa production ou de sa fourniture de service[1].

Enfin, c'est bien évidemment la loi ESS du 31 juillet 2014[2] qui donne une nouvelle approche de l'utilité sociale. L'étude d'impact de la loi fixe deux objectifs à cette définition législative : d'une part faciliter l'instruction par l'administration du futur agrément ESUS donnant accès au financement par l'épargne solidaire, d'autre part « éclairer les entreprises qui souhaitent se revendiquer de l'utilité sociale auprès des financeurs publics et privés, des autres acteurs économiques et du grand public dès lors qu'elles prétendent appartenir à l'ESS ».

L'article 2 de la loi de 2014 définit l'utilité sociale comme la poursuite d'une des activités suivantes : le soutien aux personnes en situation de fragilité, la préservation et le développement du lien social ou maintien et au renforcement de la cohésion territoriale[3], l'éducation à la citoyenneté[4] et le développement durable, ce quatrième point devant toutefois se greffer à l'un des trois autres. Viennent récemment d'être ajoutées à cette liste la préservation et la mise en valeur des monuments historiques et des sites, parcs et jardins protégés[5].

Concernant l'appréciation du caractère d'utilité sociale de l'activité de l'entreprise, le décret d'application de la loi ESS n'apporte aucune précision[6], et la jurisprudence n'est

---

[1] CSESS, Avis sur le bilan de la loi de 2014, juil. 2023.

[2] Loi n° 2014-856 du 31 juillet 2014 relative à l'économie sociale et solidaire, JO du 1er août.

[3] Une régie de quartier, par exemple.

[4] L'éducation populaire, par exemple.

[5] Loi n° 2024-537 du 13 juin 2024 visant à accroître le financement des entreprises et l'attractivité de la France, JO du 14 juin, art. 8.

[6] Décret n° 2015-858 du 13 juill. 2015 relatif aux statuts des sociétés commerciales ayant la qualité d'entreprises de l'économie sociale et solidaire.

pour l'instant intervenue qu'une seule fois[1]. Il s'agissait dans cette affaire d'une entreprise de réparation et de recyclage d'appareils électroménagers, s'inscrivant donc dans une logique d'économie circulaire, et qui à ce titre considérait pouvoir faire mention de sa qualité d'entreprise de l'ESS au RCS. Saisi par la CRESS, le tribunal de commerce a ordonné la radiation de cette mention pour plusieurs raisons, et notamment pour défaut d'utilité sociale au sens de la loi ESS. L'activité de recyclage n'apparaît pas comme suffisante en elle-même. Le tribunal relève que « si l'activité de la société a un impact sur l'environnement, la société ne participe aucunement à l'éducation à la citoyenneté, à la cohésion territoriale ou au soutien à un public vulnérable ». On l'a vu, le développement durable n'est considéré d'utilité sociale au sens de la loi que lorsqu'il vient en sus d'une des trois premières autres activités citées.

En s'en tenant donc simplement aux définitions juridiques de l'utilité sociale, ressortent trois acceptions différentes de la notion, pour trois effets juridiques distincts : une approche fiscale pour l'exonération des impôts commerciaux de certaines structures de l'ESS, une autre pour déterminer les contours de la SCIC, et enfin une dernière pour permettre aux sociétés commerciales d'intégrer l'ESS. A noter que le CSESS dans son avis sur le bilan de la loi de 2014 préconise de subdiviser la notion d'utilité sociale dans la loi ESS en deux, avec une notion d'utilité sociale propre à l'agrément ESUS qui soit très ciblée et une autre, plus ouverte, propre à la définition de l'ESS et à l'extension de son périmètre aux sociétés commerciales. Il ajoute tout de même que cette remarque va sans nul doute à l'encontre du souci de simplification et d'harmonisation des définitions poursuivi par la loi de 2014.

---

[1]T. com. Bobigny, ord. réf., 11 avr. 2023, n° 2023S00565.

B. Vers une conception unique de l'utilité sociale

Que retirer de ces trois définitions de l'utilité sociale ? Une approche unique pourrait-elle en ressortir ? Sans se contredire, ces définitions ne se recoupent pas forcément, et il est alors difficile de déterminer nettement les contours de l'utilité sociale. Un critère semble toutefois prédominer : la satisfaction des besoins d'individus fragilisés. La définition fiscale vise en effet les actes réalisés au profit de « personnes justifiant l'octroi d'avantages particuliers au vu de leur situation économique et sociale », celle relative à la SCIC évoque l'insertion sociale et professionnelle et l'accessibilité aux biens et aux services, sous-entendant que sont concernées des personnes ayant des difficultés d'insertion et d'accessibilité à ces biens et services, et enfin la loi de 2014 mentionne expressément le soutien aux personnes vulnérables.

Toutefois ce critère du public visé ne suffit pas à appréhender pleinement l'utilité sociale. Certaines activités sont considérées comme étant d'utilité sociale indépendamment du public cible : combler un « vide » du marché (répondre à un besoin non satisfait), développer la cohésion sociale ou territoriale, participer à l'éducation à la citoyenneté et désormais la préservation du patrimoine protégé.

L'utilité sociale serait donc fonction de deux critères alternatifs. Sont concernées :

- Tout type d'activité visant un public vulnérable ;
- Certaines activités listées par la loi, visant tout public.

Au titre des activités énumérées par la loi, il est regrettable que la protection de l'environnement n'y figure pas. La mention du développement durable comme simple complément à une autre condition légale ne paraît pas satisfaisante. L'avis du CSESS soulignait d'ailleurs la contestation par d'importants acteurs de l'ESS de cet assujettissement de tout objectif environnemental à un objectif social et leur souhait de délier les deux[1].

Il semblerait donc possible d'adopter une conception unique de l'utilité sociale, uniformisée dans tous les textes. Il paraît même envisageable de la substituer à d'autres notions, redondantes ou obsolètes. L'idée de créer une procédure de reconnaissance d'utilité sociale, mise en avant en 2005 par M. Decool[2], paraît toujours d'actualité. Une dizaine d'années avant, le CNVA préconisait déjà l'introduction d'un système de reconnaissance a priori qui permettrait aux associations reconnues d'utilité sociale de lever « toute incertitude durant une période définie, tant que les conditions d'exercice de leur activité, au vu desquelles elles ont obtenu l'agrément, ne seraient pas modifiées »[3].

Une telle reconnaissance permettrait ainsi à une association d'obtenir la pleine capacité, en lieu et place de la reconnaissance d'utilité publique, et l'accès à certains financements comme les subventions et le mécénat. L'utilité sociale couplée à la non-lucrativité subordonnerait le bénéfice des avantages fiscaux. Pour une société commerciale, elle autoriserait toujours l'intégration de l'ESS. Par ailleurs, elle pourrait utilement remplacer la notion d'innovation sociale. La définition de cette dernière à l'article 15 de la loi ESS est tellement proche de celle de l'utilité sociale qu'elles se confondent presque. L'intérêt de maintenir les deux n'est pas évident.

Cela supposerait toutefois de déterminer l'organisme compétent pour conférer cette reconnaissance d'utilité

---

[1] CSESS, avis sur le bilan de la loi de 2014, précité, p. 32.

[2] J.-P. Decool, *Des associations en général, vers une éthique sociétale*, rapport au Premier ministre, mai 2005.

[3] CNVA, Bilan de la vie associative en 1990-1991, Paris, La Documentation française, 1992. Voir également CNVA, *L'utilité sociale des associations et ses conséquences en matière économique, fiscale et financière*, précité.

sociale. Selon le projet du CNVA, elle devait être accordée non pas par le pouvoir exécutif, mais par une véritable juridiction ou commission paritaire, composée de représentants des associations et des administrations concernées (ministère de tutelle et administration fiscale) et présidée par un magistrat, à l'issue d'un rapport d'audit basé sur des critères d'évaluation. L'octroi d'une reconnaissance d'utilité sociale, et son renouvellement, suppose en effet de l'évaluer régulièrement afin de s'assurer de son bien-fondé.

II. L'évaluation de l'utilité sociale

La mesure de l'utilité sociale est un sujet qui a émergé sous l'effet conjugué de la contraction des financements publics et de la volonté des investisseurs privés de flécher leurs contributions vers des actions performantes[1] (A). Face à une forte demande de la pratique, les initiatives se sont développées, mais à ce jour aucune ne semble parvenir à fournir des outils de mesure pleinement satisfaisants (B).

A. Evaluation de l'utilité sociale ou mesure de l'impact social ?

L'évaluation permet d'interroger la performance et la légitimité des actions portées par des organisations de l'ESS. Il est question notamment de faire la démonstration de l'utilisation efficiente des fonds publics, et de maximiser le rendement social. Autrement dit, mesurer l'utilité sociale consiste à objectiver les effets positifs d'une action sur un territoire ou sur la société elle-même. Cette évaluation est devenue une pratique indispensable pour valoriser les

---

[1] J-M. Bloch-Lainé, J-P. Worms, *Un choix de société*, JA 2012, n°461, p.18.

actions auprès des partenaires et financeurs et anticiper les besoins des bénéficiaires par l'apport de réponses adaptées à leurs situations[1]. Dans cette idée, beaucoup de structures, tous secteurs confondus, mettent en place des outils de mesure de leur impact social[2]. L'on observe à ce titre un glissement sémantique, un passage de l'évaluation de l'utilité sociale à la mesure de l'impact social[3]. Si les deux notions semblent se rapprocher, cette évolution terminologique ne paraît pas tout à fait neutre. Certains y voient une tentative d'élargissement du domaine de l'ESS pour y introduire les entreprises à impact[4]. Il a d'ailleurs été proposé, même si cela n'a pas été retenu, de remplacer l'agrément ESUS par un agrément « entreprise à impact » comme critère d'intégration de l'ESS[5].

Evaluer son utilité sociale ou mesurer son impact social, est-ce la même chose ? Beaucoup répondent à cette question par la négative[6]. Selon certains, l'évaluation de l'utilité sociale consiste en une volonté de mesurer ce que

---

[1] I. Moussa, *Les risques liés à la généralisation de l'évaluation,* JA 2022, n°658, p.42.

[2] Un de ces outils, qui connaît un succès grandissant, est le modèle SROI, *Social Return On Investment*. Pour une critique de cet outil, v. S. Mertens et V. Xhauflair, *Peut-on mesurer l'impact d'une entreprise sociale à travers un unique ratio financier ? Critique de l'approche SROI*, in « Les entreprises sociales : quels statuts, quels acteurs, pour quel impact ? », sous la direction. de S. Grandvuillemin et C. Perrin-Joly, Bruylant, 2024, p. 199.

[3] En ce sens, v. L. Fraisse, *Les effets de l'entrepreneuriat social et de la mesure d'impact sur la cohésion territoriale sont-ils toujours positif ?*, in « Les entreprises sociales : quels statuts, quels acteurs, pour quel impact ? », sous la direction de S. Grandvuillemin et C. Perrin-Joly, Bruylant, 2024, p. 219.

[4] *Id.*

[5] J. Jeremiasz, carenews, 25 avr. 2023, https://www.carenews.com/carenews-pro/news/evaluation-de-la-loi-ess-entreprises-a-impact-jonathan-jeremiasz-devoile-ses

[6] V. par ex. H. Sibille, *Jeux d'acteurs, enjeux pour les acteurs*, JA 2017, n°558, p.16.

l'on est, ce que l'on veut faire, tandis que l'impact social repose sur la mesure d'indicateurs externes pour s'inscrire dans une démarche normalisée - et entraînant des financements. Dans un cas, on est dans une démarche volontaire d'évolution de la structure et d'inscription dans un contexte voulu, dans l'autre, on répond à une injonction du monde libéral.

L'impact n'est qu'une part de l'utilité sociale[1]. La nuance paraît pourtant subtile. Le CSESS définit l'impact social comme suit : « L'impact social consiste en l'ensemble des conséquences (évolutions, inflexions, changements, ruptures) des actions d'une organisation tant sur ses parties prenantes externes (bénéficiaires, usagers, clients) directes ou indirectes de son territoire et internes (salariés, bénévoles, volontaires), que sur la société en général »[2] .

Suivant cette définition, démontrer l'existence de l'impact social positif de son activité, sur ses parties prenantes et la société en général, s'apparente fortement à prouver son utilité sociale. La difficulté réside dans le fait que la notion d'impact social est en réalité assez illisible, et donc difficilement quantifiable. Par exemple, le règlement du label Finansol, modifié en 2024, considère qu'une activité à impact social est une « activité solidaire (projet ou entreprise non cotée) à fort impact social et environnemental »[3]. Cette définition n'est pas particulièrement éclairante, loin s'en faut.

Evaluer ce que l'on n'arrive pas à définir clairement relève de la gageure. Pourtant la pratique s'y emploie, et recherche des indicateurs clairs, qui rendent compte des

---

[1] J-L. Cabrespines, *L'utilité sociale au cœur des politiques associatives*, JA 2024, n°691, p.18.

[2] Définition issue du rapport « La mesure de l'impact social », Conseil supérieur de l'ESS, 2011.

[3]Règlement du label Finansol, applicable au 28 mars 2024, https://www.finance-fair.org/sites/default/files/2024-4/Reglement%20du%20label%20Finansol%202024_VF.pdf.

aspects sociétaux de l'activité des entreprises de l'ESS et qui ne rentrent pas que dans une logique de chiffre.

L'on constate en effet une concentration de l'évaluation de l'impact social sur les aspects de la performance les plus facilement quantifiables. Tout réduire à des chiffres peut paraître en effet plus simple que de mettre en avant les aspects qualitatifs de l'activité des structures de l'ESS ainsi que les effets sociétaux qu'elle génère.

De fait, deux attentes contradictoires coexistent. D'un côté, les acteurs de terrain souhaitent des outils personnalisés rendant compte des particularités de leur organisation, de leur mission et de leur mode d'intervention. De l'autre, les bailleurs de fonds, préfèrent des outils standardisés permettant de comparer, sélectionner et suivre les projets auxquels ils apportent leur soutien[1].

B. Vers une construction collective des outils d'évaluation

A l'heure actuelle, et dans la mesure où aucune disposition légale n'impose l'évaluation de l'utilité sociale, les méthodologies divergent[2]. Les critères utilisés par les bailleurs de fonds pour les financements à impact sont souvent considérés comme trop réducteurs. Certains dénoncent un tournant néolibéral de l'ESS[3], ou encore une marchandisation du milieu associatif.

Mais il n'est pas non plus souhaitable d'uniformiser les méthodes et critères d'évaluation, car les activités d'utilité

---

[1] E. Durquety, A. Baudet, *Enseignements du baromètre de la mesure d'impact social*, JA 2017, n°558, p.18.

[2] Sur les différentes méthodes d'évaluation, V. I. Moussa, *Démarche méthodologique d'évaluation,* JA 2023, n°674, p.43.

[3] M. Studer, *Evaluer l'économie sociale et solidaire : socio-économie des conventions d'évaluation de l'ESS et du marché de l'évaluation de l'impact socia*l, Thèse, Lille, 2021.

sociale sont très diverses, et leurs effets le sont tout autant. Il faut adapter ces critères en fonction de l'activité. Les structures de l'ESS doivent d'elles-mêmes proposer leurs propres critères d'évaluation d'utilité sociale, cela afin d'éviter que leurs actions soient jugées uniquement à l'aune de leurs résultats quantitatifs ou économiques[1].

La mesure d'utilité sociale est à élaborer collectivement. Un effort de co-construction d'indicateurs spécifiques, adaptés aux missions sociales de la structure, doit être fourni par cette dernière et ses diverses parties prenantes. Il est question surtout d'assurer la durabilité de son utilité sociale dans le temps, et pas seulement de constater le retour social sur investissement attendu par ses financeurs. L'évaluation, c'est démontrer par la preuve, sur le temps long, la valeur ajoutée sociétale d'une action[2].

Prenons l'exemple d'un organisme d'insertion. Les bailleurs de fonds imposent des critères de mesure à court terme avec un financement au poste d'insertion, sans se préoccuper du succès de l'accompagnement, ni de la part du « décrochage social », c'est-à-dire la part de rechutes à moyen terme après la fin de l'accompagnement. Voilà une illustration de l'utilité sociale : un impact social, mais mesuré dans la durée[3].

Le droit peut-il répondre à ce besoin de création d'une méthodologie d'évaluation ? Cela ne semble ni envisageable, ni souhaitable, car généraliser des indicateurs d'utilité sociale nierait la diversité des actions sociales de l'ESS. Toutefois, le droit comptable pourrait peut-être trouver un rôle à jouer en la matière. Actuellement, le

---

[1] Institut ISBL, *Évaluation de l'action associative : synthèse des propositions de l'Institut ISBL*, JA n°691, p. 34.

[2] P. Glémain, *Quel(s) apport(s) de la comptabilité sociale à la gestion des associations* ?, JA 2024, n°691, p.27.

[3] P. Prud'homme et G. Lejeune, *Le droit comptable des associations permet-il d'appréhender leur utilité sociale ?* JA 2024, n°691, p.31.

référentiel comptable applicable au secteur non marchand n'a pas vraiment vocation, à apporter une information sur l'utilité sociale. Si l'annexe apporte un complément indispensable à l'information financière issue du bilan et du compte de résultat, il n'est pas encore imposé d'indicateurs permettant d'apprécier l'utilité sociale[1].

Pour conclure, nous reprendrons les mots de M. Saddier lors du discours de rentrée d'ESS France en 2023 : « Ces différents facteurs de performance doivent se mesurer prioritairement par des outils spécifiques et les moins standardisés possible. Il nous faut, parmi les entreprises de l'ESS, des pionniers de la comptabilité alternative, et parmi nos chercheurs les inventeurs d'un outil de mesure de notre utilité sociale qui ne soit pas préformaté par et pour des cabinets de conseil »[2].

---

[1] *Id.*

[2] J. Saddier, discours de rentrée, ESS France, 11 sept. 2023.

La lucrativité limitée : identification et portée d'un principe cardinal de l'ESS.

par Jean-Noël Stoffel,
Maître de conférences
Université Aix-Marseille
Membre du Centre de droit économique (UR4224)

Dix ans après sa promulgation, la loi n° 2014-856 du 31 juillet 2014 sur l'ESS[1] a soufflé sa première décennie dans une atmosphère contrastée. Si son adoption a incontestablement marqué une étape majeure dans la reconnaissance juridique d'un secteur longtemps en quête de visibilité[2], les festivités ont été ternies par un contexte économique morose et les tensions budgétaires ayant entouré le vote de la loi de finances pour 2025. La situation s'est même révélée assez paradoxale. Traditionnellement, l'ESS pallie bien souvent des lacunes de la puissance publique[3]. Or comment assurer cette mission dans un contexte de désengagement de l'État, sans les moyens adéquats ? Cette situation, sur laquelle les acteurs de l'ESS nous ont alors alertés, est essentielle pour l'avenir du

---

[1] V. not. *Loi 2014 sur l'ESS : une décennie de transformations et de défis*, RECMA, 2024/1, n° 372-373.

[2] J.-J. Barbieri, *Observations sur la loi relative à l'économie sociale et solidaire*, RLDA, nov. 2014, p. 10 ; S. Grandvuillemin, *Être ou le pas être une entreprise de l'économie sociale et solidaire ? Une qualification entre unité et diversité*, *JCP E* 2015, 1542, p. 17 ; D. Hiez, La *richesse de la loi ESS*, Rev. sociétés, 2015, p. 147. V. par ailleurs : S. Grandvuillemin, *L'économie sociale et solidaire*, Archétype 82, 2e éd. 2022.

[3] J.-C. Barbier (dir.), *Économie sociale et solidaire et État. À la recherche d'un partenariat pour l'action*, IGPDE, 2017.

secteur, mais aussi, plus largement, pour notre démocratie[1]. Elle montre par ailleurs que pour les entreprises de l'ESS – toutes ne sont cependant pas logées à la même enseigne[2] – comme pour toute entreprise, l'argent reste le nerf de la guerre.

Dans un système économique mondial dominé par la finance, le rapport à l'argent se révèle néanmoins tout à fait singulier dans les entreprises de l'ESS. Il est vrai que depuis la crise des années 2000 et les dérives de la financiarisation des entreprises, des évolutions importantes sont intervenues. À la suite de la loi n° 2019-486 du 22 mai 2019 dite PACTE, la gestion des sociétés est désormais censée intégrer la prise en compte des impacts sociaux et environnementaux de l'activité[3]. À cet égard, la montée en puissance de la responsabilité sociétale des entreprises a permis l'émergence d'acteurs responsables. Pour ces derniers, l'objectif de rentabilité financière et de rémunération du capital se trouve alors redimensionné. Certains d'entre eux vont même plus loin dans la démarche en se dotant d'une raison d'être[4], voire en devenant société à mission[5]. Pourtant, quelques années avant ces importantes évolutions, accompagnées au plan national et européen par le développement notamment d'obligations de reporting, la loi ESS avait déjà mis en lumière une catégorie

---

[1] J. Saddier, *L'économie sociale et solidaire au service de la démocratie*, in H. Dosière et G. Giraud (dir.), *Réveiller la démocratie*, éd. de l'Atelier, Hors coll., 2022, p. 249.

[2] En effet, c'est surtout pour les entités soumises à un principe de non-lucrativité, et qui se trouvent largement dépendantes de subventions publiques, que les difficultés sont les plus aiguës. V. l'enquête publiée dans le journal Le Monde, *La trésorerie, c'est du yoyo en permanence, mais cette année, c'est le pompon ! : les associations mises en difficulté par les restrictions budgétaires*, 7 avr. 2025.

[3] Code civil, art. 1833, al. 2.

[4] Code civil, art. 1835.

[5] Code de commerce, art. L. 210-10 et s.

d'entreprises se démarquant du secteur capitalistique classique. Dans ce cadre, l'un des éléments distinctifs réside précisément dans une conception particulière de la lucrativité.

L'adjectif « lucratif » désigne dans le sens commun « ce qui procure un gain, des profits, des bénéfices »[1]. Cette même idée se retrouve en droit où le terme lucratif peut être envisagé pour qualifier une activité. Le caractère lucratif d'une activité est généralement un critère de commercialité[2] et trouve des prolongements concernant l'application du statut de commerçant, mais aussi d'une fiscalité propre aux activités commerciales. C'est ainsi qu'est opérée une distinction entre les activités lucratives et non lucratives d'une association, les premières pouvant aboutir à soumettre une telle entité à des impôts commerciaux, alors qu'une association est aussi présentée comme un groupement à but non lucratif[3].

---

[1] Le Robert, 2026, V. Lucratif.

[2] H. Kenfack, S. Ringler et M. Pédamon, *Droit commercial. Commerçants et entreprises commerciales*, Dalloz, Précis, 5e éd., 2023, n° 78, p. 77 : « *Par nature l'activité commerciale vise un profit pécuniaire ; elle cherche à réaliser des bénéfices, même si elle se solde par des pertes et quel que soit le sort de ces bénéfices, qu'ils soient réinvestis ou distribués. Le but lucratif est donc le premier élément de la notion* ». V. également D. Houtcieff, *Droit commercial*, Dalloz, 5e éd., 2022, n° 1, p. 1, *« Le commerce consiste à acheter pour revendre ou à mettre son industrie ou ses services à disposition dans un but lucratif »*.

[3] Une association ne peut échapper aux impôts commerciaux que si elle remplit trois critères cumulatifs (instruction fiscale du 15 sept. 1998, complétée par la suite et publiée au BOFIP [BOI-IS-CHAMP-10-50-10-20]) : gestion désintéressée (CE 1er oct. 1999, Assoc. jeune France, n° 170289, *RJF* 11/ 99, n° 1354 ; 20 mai 2016, Assoc. Bassin Services Personnes (BSP), n° 394879, *RJF* 8-9/ 16, n° 688) ; une absence de concurrence dans la même zone géographique d'attraction avec des entreprises commerciales exerçant une activité identique (CE 1er mars 2000, Assoc. Foire nationale des vins, n° 197584, *Dr. fisc.* 2000, n° 40, comm. 732 ; CE 8 juill. 2015, Soc. Hippique de Marseille, n° 371466,

Précisément, le terme « lucratif » permet aussi de distinguer certains types de groupements en fonction de leur but lucratif ou non. Or, dans ce cadre, il n'est pas seulement question de savoir si une activité est source de gains. L'attention porte aussi sur ce que l'on en fait. C'est ainsi qu'une distinction nette existait à l'origine entre les sociétés et les associations. En effet, dans sa version initiale, l'article 1832 du Code civil définissait la société comme étant « instituée par deux ou plusieurs personnes qui conviennent par un contrat d'affecter à une entreprise commune des biens ou leur industrie en vue de partager le bénéfice qui pourra en résulter ». Cette seule et unique finalité tranchait avec celle de l'association, qui bien que n'étant pas expressément désignée comme étant « à but non lucratif » par la loi du 1er juillet 1901, se trouve définie comme « la convention par laquelle deux ou plusieurs personnes mettent en commun leur connaissance ou leur activité dans un but autre que de partager des bénéfices »[1]. Dans ce cadre, l'arrêt Caisse rurale de la commune de Manigod avait même contribué à préciser les choses en définissant le bénéfice comme « un gain pécuniaire ou matériel qui ajoute à la fortune des associés » en présence d'une coopérative alors rattachée à la catégorie des associations[2]. Sans que la

---

RJF 11/ 15, n° 916) ; l'existence de conditions d'exercice différentes de celles du secteur commercial (système du faisceau d'indices), avec la règle des « 4 P » : produit ou besoins couverts, public visé, prix pratiqués et publicité : ex., CE 3 déc. 1999, Assoc. L'Alliage Recours, n° 133291, *Dr. fisc.* 2000, n° 43, comm. 813 ; 13 févr. 2013, Assoc. Groupe de plongée de Carantec, n° 342953, *Dr. fisc.* 2013, n° 16, comm. 249 ; *RJF* 5/ 13, n° 472 ; 29 déc. 2021, Assoc. Centre libre d'enseignement supérieur international (CLESI), nos 439408, 439411 et 439413, *Dr. fisc.* 2022, n° 19, comm. 221).

[1] Loi du 1er juill. 1901, art. 1er.

[2] Cass., 11 mars 1914 ; *S.* 1918.1.103 ; *D.*1914.1.258, Rev. Sociétés, 1915.44.

lucrativité ou, à l'inverse, la non-lucrativité ne fasse l'objet d'une véritable définition, il fallait alors comprendre que tout dépendait ici de la possibilité de partager des bénéfices tirés de l'activité. Lorsque ce partage était possible, un groupement avait un but lucratif et, lorsque tel n'était pas le cas, son but était donc non lucratif[1].

Par la suite, le législateur a quelque peu brouillé les pistes en appliquant la qualification de société à des groupements n'ayant pas pour objet le partage des bénéfices. C'est ainsi que la loi n° 47-1775 du 10 septembre 1947 portant statut de la coopération, dès son article 1er, a finalement rattaché les coopératives à la catégorie des sociétés. Or, ces groupements procurent à titre principal à leurs associés des avantages tirés de la mise en commun de certains moyens matériels et financiers, notamment une économie. En revanche, les textes relatifs aux coopératives ne font pas mention de bénéfices ou de profits. Cela ne veut pas dire que les coopératives n'en réalisent pas[2], mais ils y sont appelés « excédents » et se voient appliquer un traitement tout à fait particulier eu égard à ce que l'on trouve classiquement dans une société de type capitalistique[3]. Quelques années plus tard, dans le prolongement, la loi n° 78-9 du 4 janvier 1978 a élargi la notion de société de l'article 1832 du Code civil pour y faire une place à ces groupements. Depuis, une société peut donc être constituée en vue de partager le bénéfice ou de profiter de l'économie qui pourra résulter de son activité. Derrière ce ramollissement de la notion de société, c'est une autre forme de lucrativité qui a émergé en son sein. C'est ainsi

---

[1] A la différence des associations, le législateur a choisi de qualifier expressément dans les textes les mutuelles (Code de la mutualité, art. L. 110-1) et les fondations (L. n° 87-571 du 23 juillet 1987, art. 18) comme étant « à but non lucratif ».

[2] D. Hiez, *Sociétés coopératives*, Dalloz, coll. Dalloz référence, 3e éd., 2023, n° 331-21.

[3] Op. cit., nos 33.00 et s.

qu'à côté de la lucrativité capitalistique classique, qui a vu apparaître avec le développement de la RSE une forme de lucrativité que l'on peut qualifier de vertueuse, existe aussi une lucrativité limitée inspirée du droit coopératif.

En définissant l'ESS et en posant un cadre juridique pour ce secteur, la loi n°2024-856 du 31 juillet 2014 a entériné le caractère fondamental du principe de lucrativité limitée. Elle en a fait l'un des éléments distinctifs de cette catégorie d'entreprise. À cette occasion, nous pouvons relever que l'on retrouve des formes proches de lucrativité limitée à l'étranger au Québec[1], en Espagne[2] ou encore au Royaume-Uni à travers les « non-for profit organizations ». La question d'intégrer un principe de lucrativité limitée dans le droit de l'Union européenne s'est même posée ces dernières années, sans avoir toutefois abouti pour l'instant[3]. Dix ans après l'adoption de la loi ESS, le principe de lucrativité limitée à la française demeure tout de même assez flou. Cette ambiguïté tient en partie au caractère à la fois inclusif et réticulaire de la définition juridique de l'ESS[4], qui rassemble une grande diversité d'acteurs autour de valeurs communes, mais avec des statuts et des finalités parfois hétérogènes. Elle reflète aussi la vocation de la définition de l'ESS à servir d'outil de mise en œuvre de politiques publiques.

Dans ce contexte, il revient néanmoins au juriste de s'interroger quant à la cohérence et la portée du cadre juridique applicable à l'économie sociale et solidaire. À cette occasion, l'analyse du principe de lucrativité limitée,

---

[1] Loi sur l'économie sociale, E-1.1.1, art. 3, 5°.

[2] Ley 5/2011, de 29 de marzo, de Economía Social, art. 4, b).

[3] L. Driguez, *Le but non lucratif en droit de l'Union européenne - Ou de la nécessité d'adopter une notion nouvelle de lucrativité limitée,* Étude commandée par la MGEN, août 2017 ; B. Lecourt, La *lucrativité limitée : nouvelle notion européenne ?,* Revue sociétés, 2019 p. 707.

[4] D. Hiez, *Quelle lecture de l'entreprise d'économie sociale et solidaire (ESS) en droit français,* RECMA, 2019/3, n° 353, p. 89.

principe cardinal parmi d'autres de cette catégorie singulière, s'impose comme un point de passage obligé afin de comprendre les spécificités de l'ESS. Pour ce faire, il convient, en premier lieu, d'appréhender les contours du principe de lucrativité limitée(I), puis d'en apprécier, en second lieu, la portée (II).

I. Les contours du principe de lucrativité limitée

Pour appréhender les contours du principe de lucrativité limitée, encore faut-il d'une part, s'attarder sur sa formulation (A) et, d'autre part, élucider sa signification (B).

A. La formulation du principe

Assez paradoxalement, les termes « lucrativité limitée » ne sont pas expressément mentionnés par la loi ESS. Pour autant, le principe que l'on qualifie ainsi y est bel et bien présent. C'est immédiatement après avoir défini l'ESS comme « un mode d'entreprendre et de développement économique adapté à tous les domaines de l'activité humaine auquel adhèrent des personnes morales de droit privé », que l'article 1er- I énonce le principe de lucrativité limitée. Il figure alors parmi les conditions cumulatives que les personnes morales de droit privé doivent remplir lorsqu'elles adhèrent à l'ESS.

Outre les conditions de gouvernance démocratique et d'une finalité sociale, la lucrativité limitée constitue l'autre condition générale qui doit être respectée par les entreprises de l'ESS. Si l'on se fie à l'ordre chronologique dans lequel ces conditions générales cumulatives sont énoncées, le principe de lucrativité arrive en premier en étant mêlé à la condition de finalité sociale. Faut-il y voir le signe d'une hiérarchie ? La lucrativité limitée est-elle la condition première lorsqu'une personne morale de droit privé adhère à l'ESS ? Il est vrai que ce principe, ou du moins l'exclusion de la pratique d'une lucrativité pure, participe de l'ADN des entreprises traditionnelles du champ de l'ESS. Pour autant, il s'agit bien d'une condition cumulative, comme le législateur l'a expressément indiqué. Dès lors, quand bien même une entreprise remplirait cette première condition de lucrativité limitée, encore faut-il qu'elle ait aussi une gouvernance démocratique et une utilité sociale. De même, il ne serait pas suffisant qu'une entreprise ait une gouvernance démocratique et une utilité sociale si la condition de lucrativité limitée n'était point remplie. De ce point de vue, cette exigence supplémentaire de lucrativité limitée permet de distinguer les entités engagées simplement dans une démarche RSE[1] et celles qui sont susceptibles de revendiquer une appartenance au secteur de l'ESS.

La lecture du paragraphe I de l'article 1er interpelle tout de même quant à sa construction, l'exigence de lucrativité limitée y étant éclatée dans et hors de cette disposition. En plus d'énoncer les conditions de lucrativité limitée, de finalité sociale puis de gouvernance démocratique, ce texte formule aussi des principes de gestion, comme si ces éléments étaient placés sur le même plan que les trois premières conditions. Or, ces principes de gestion semblent plutôt constituer des prolongements ou des modalités particulières du principe de lucrativité limitée, qui ne sont même pas partagés par toutes les entreprises de l'ESS. D'ailleurs ces modalités sont encore précisées par la suite

---

[1] S. Grandvuillemin, *Entreprise à mission et entreprise sociale et solidaire : convergence des modèles ou nette différenciation des intérêts* , in F. Laronze (dir.), *L'entreprise à mission*, éd. PU Strasbourg, 2021, p 195.

concernant les sociétés commerciales de l'ESS[1], voire en dehors de la loi ESS dans des statuts particuliers[2]. En définitive, cette articulation n'est pas des plus satisfaisantes, car elle s'avère peu intelligible. Non seulement l'exigence de « lucrativité limitée » mériterait d'être pleinement assumée en apparaissant explicitement dans les textes, mais aussi de se voir directement associer ses modalités ou des renvois clairs, pour une meilleure lisibilité.

B. La signification du principe

Selon la loi ESS, la lucrativité limitée suppose, de manière générale, « un but poursuivi autre que le seul partage des bénéfices »[3]. D'un point de vue comptable, le bénéfice constitue un excédent de produits sur des charges et correspond donc à des ressources issues de l'activité. Par conséquent, à travers le principe de lucrativité limitée, c'est la question du traitement des ressources générées par l'activité qui est envisagée et non pas la capacité à générer des ressources par l'activité. Lorsque l'activité génère des ressources, quel est leur sort ?

De manière générale, le principe de lucrativité limitée va permettre de contraindre la recherche du profit afin que celle-ci reste compatible avec des objectifs sociaux et non purement financiers. Les bénéfices sont principalement utilisés pour consolider l'activité, remplir des objectifs sociaux, ou servir les bénéficiaires de l'organisation, plutôt que d'être redistribués aux actionnaires ou aux dirigeants. La question est alors, comment est-ce que cela se traduit ? Les principes de gestion formulés par l'article 1er, I de la loi

---

[1] Loi n° 2014-856 du 31 juillet 2014, art. 1er, II, 2°, c).

[2] Cf. le droit commun des coopératives et les droits spéciaux.

[3] Loi n° 2014-856 du 31 juillet 2014, art. 1er, I, 1°.

ESS impliquent qu'à chaque fois qu'une affectation du résultat doit intervenir, « les bénéfices sont majoritairement consacrés à l'objectif de maintien ou de développement de l'activité de l'entreprise »[1]. Ainsi dans les entreprises de l'ESS, alors qu'il n'est pas concevable de soutenir que distribuer des dividendes permet le développement de l'activité sous peine de vider de sa substance le principe de lucrativité limitée, les choix d'affectation d'un résultat bénéficiaire s'en trouvent par principe beaucoup plus restreints que dans les entreprises du secteur lucratif. Il est vrai que certaines contraintes existent dans les SARL et les sociétés de capitaux, mais elles sont sans commune mesure et n'ont pas la même finalité. Dans ces sociétés, c'est pour accroître le gage des créanciers[2] que l'article L. 232-10 du Code de commerce impose simplement d'affecter en réserve légale, 1/20e du bénéfice de l'exercice après déduction d'éventuelles pertes antérieures. Cette obligation disparaît ensuite dès que la réserve légale atteint une proportion équivalente à 1/10e du capital social. Sauf à avoir prévu des affectations obligatoires en réserves statutaires, ce qui est rarement le cas en pratique, pour un même montant de bénéfice à affecter, le bénéfice distribuable sera donc forcément plus important que dans une entreprise de l'ESS devant respecter un processus d'affectation du résultat.

Le principe de lucrativité limitée a ainsi pour conséquence de venir restreindre l'enveloppe sur laquelle l'assemblée générale est susceptible de mettre en œuvre une stratégie de rémunération des associés ou actionnaires. En revanche, une fois ces contraintes respectées, la loi ESS ne prévoit pas des modalités particulières de partage des

---

[1] Loi n° 2014-856 du 31 juillet 2014, art. 1er, I, 3°, a).

[2] Ph. Merle avec la collab. d'A. Fauchon, *Droit commercial, Sociétés commerciales*, Dalloz, Précis, 28e éd., 2024, n° 626, p. 781.

bénéfices non consacrés à l'objectif de maintien ou de développement de l'activité de l'entreprise.

Dans le prolongement de cette modalité du principe de lucrativité limitée, il est en outre prévu que « les réserves obligatoires constituées, impartageables, ne peuvent être distribuées »[1]. Les réserves sont constituées de bénéfices réalisés sur les exercices antérieurs et permettent de développer l'autofinancement. Certaines sont obligatoires, car leur constitution s'impose à l'assemblée générale des associés, quand d'autres peuvent être constituées librement et sont alors qualifiées de réserves libres ou facultatives. L'on retrouve en la matière un principe qui existe aussi dans les autres sociétés où des réserves obligatoires existent. Ces dernières ne peuvent être distribuées aux associés. Néanmoins, là où dans les entreprises du secteur lucratif, les associés ont un droit sur les réserves[2], dans les entreprises de l'ESS, tel n'est pas le cas. Ainsi, en formulant une règle d'impartageabilité des réserves obligatoires, le législateur a poussé la logique jusqu'au bout, empêchant toute possibilité pour des associés ou actionnaires d'appréhender ce bénéfice devant être laissé à disposition de l'entité.

Par ailleurs, quand bien même ces réserves seraient ensuite incorporées au capital, ce capital ne peut pas non plus être partagé entre associés ou actionnaires. Relevons, à cette occasion que l'incorporation des réserves constituées au titre de la loi ESS peut être autorisée par les statuts afin de relever la valeur des parts sociales ou à procéder à des distributions de parts gratuites. Néanmoins cette incorporation ne peut être réalisée que dans certaines

---

[1]Loi n° 2014-856 du 31 juillet 2014, art. 1er, I, 3°, b).

[2] Lamy sociétés commerciales, 2025, n° 2423 qui indique qu'« *ont droit aux réserves les ayants droit au boni de liquidation* », c'est-à-dire, les associés en droit commun des sociétés (Code civil, art. 1844-9).

limites inspirées du droit coopératif[1]. La première incorporation ne peut porter que sur la moitié, au plus, des réserves disponibles existant à la clôture de l'exercice précédant la réunion de l'assemblée générale extraordinaire ayant à se prononcer sur l'incorporation. En revanche, les incorporations ultérieures ne peuvent porter que sur la moitié, au plus, de l'accroissement desdites réserves enregistré depuis la précédente incorporation. S'agit-il toutefois d'une manière pour des associés de retrouver des droits sur des sommes auparavant portées en réserves ? La réponse est négative, car la loi ESS vient encadrer le traitement du *boni* de liquidation qui n'a donc pas vocation à revenir à des associés. En effet, en cas de liquidation ou, le cas échéant, en cas de dissolution, l'ensemble du *boni* de liquidation est dévolu soit à une autre entreprise de l'économie sociale et solidaire, « soit dans les conditions prévues par les dispositions législatives et réglementaires spéciales qui régissent la catégorie de personne morale de droit privé faisant l'objet de la liquidation ou de la dissolution ». De ce point de vue, ce qui est acquis à une entité de l'ESS, est donc censé rester dans le secteur de l'ESS.

II. La portée du principe

Apprécier la portée du principe de lucrativité limitée nous conduit à mesurer la force avec laquelle il s'impose d'une part (A), mais aussi certaines lacunes qu'il peut présenter d'autre part (B).

[1] Cf. Loi n° 47-1775 du 10 septembre 1947, art. 16.

A. La force du principe

La loi ESS a obéi à une démarche inclusive. Il s'agissait d'inclure les acteurs traditionnels et de nouveaux acteurs, notamment les sociétés commerciales dans le secteur de l'ESS. Plutôt qu'une définition purement statutaire, c'est une définition fondée sur des principes synthétisant le secteur dans son ensemble qui a été privilégiée. Cet esprit de synthèse concerne aussi le principe de lucrativité limitée. De ce point de vue, il n'est pas attendu que toutes les entreprises de l'ESS pratiquent absolument la lucrativité limitée telle que nous l'avons décrite. Le principe de lucrativité limitée est plutôt une exigence minimale. Par conséquent, en formulant l'exigence d'un « but poursuivi autre que le seul partage des bénéfices », le législateur a intégré non seulement les personnes morales qui ont un but strictement autre que le partage des bénéfices, mais aussi celles qui ont d'autres buts particuliers à côté du partage des bénéfices.

Cette approche permet de dépasser l'opposition binaire entre le but lucratif et le but non lucratif, alors qu'il existe une zone de chevauchement entre ces deux catégories, notamment depuis la loi 1978 qui a complété l'article 1832 du Code civil. Ainsi parmi les entreprises à but lucratif, certaines sont pleinement lucratives, quand d'autres voient leur lucrativité limitée. Ces personnes morales, telles que les coopératives et les sociétés commerciales de l'ESS, ont toute leur place au sein de l'ESS à côté de celles qui sont non lucratives comme les associations, les mutuelles et les fondations. De ce point de vue, le principe de lucrativité limitée permet une accentuation des contraintes de traitement des ressources générées par l'activité dans le sens du maintien ou du développement de l'activité de l'entreprise. C'est d'ailleurs parfois le législateur lui-même qui renforce les contraintes pour certains acteurs[1]. En revanche, ce principe n'est pas censé permettre un allègement des exigences qui s'imposent en la matière et se trouvent soumises à un certain contrôle.

Le respect du principe de lucrativité limitée est soumis à certains contrôles qui ne sont toutefois pas visés expressément en tant que tels par la loi ESS. Une première forme de contrôle peut intervenir en interne, par les membres et organes de la structure eux-mêmes, notamment à l'occasion de la présentation et de l'approbation des comptes. Des contrôles externes existent également, qu'ils soient assurés par un commissaire aux comptes, un réviseur coopératif, ou par des autorités sectorielles comme l'ACPR pour les mutuelles. L'administration peut intervenir, en particulier dans le cadre de l'agrément ESUS, de procédures fiscales ou de l'attribution de subventions publiques. Une forme de contrôle peut aussi être exercée par les financeurs privés, dont le soutien est conditionné au respect des principes fondateurs, dont celui de la lucrativité limitée. Il n'existe toutefois aucune autorité centralisée chargée de garantir la conformité des structures de l'ESS à ce principe et l'effectivité de ces contrôles varie fortement selon les secteurs, les statuts ou la vigilance des acteurs impliqués. En cas de litige, un juge pourrait également être saisi, notamment en matière d'agrément ou de responsabilité des dirigeants.

De ces mécanismes peuvent théoriquement découler des conséquences telles que la perte de l'agrément ESUS, le retrait de subventions publiques, la révocation d'avantages fiscaux, l'exclusion des réseaux ESS ou encore la requalification juridique de la structure. À cela il faut ajouter un risque d'annulation de décisions d'assemblée, d'actions en responsabilité civile voire de sanctions pénales pour les dirigeants, en particulier sur le fondement

[1]Tel est le cas en ce qui concerne les sociétés commerciales de l'ESS.

d'infractions de droit commun telles que l'abus de confiance, l'escroquerie ou l'abus de biens sociaux. Ainsi, en l'absence de sanction autonome propre à la lucrativité limitée, c'est un ensemble de mécanismes indirects et de conséquences plurielles qui assure, certes, la protection du principe, mais de manière fragmentée.

Autre force, le principe de lucrativité limitée est censé emporter des conséquences positives dans la mesure où il contribue à consolider la mission sociale des entreprises de l'ESS, tout en rassurant les parties prenantes sur leur alignement avec les valeurs d'intérêt collectif. Dans ce cadre, il induit un renforcement des fonds propres censé permettre de solidifier la situation financière de l'entreprise, de faire face aux imprévus et de se développer de manière durable. Il permet aussi un accès à des financements spécifiques tout en limitant le risque de certaines dérives spéculatives. À cet égard, l'impératif de lucrativité limitée peut avoir un impact salutaire sur la stratégie suivie par certaines structures. Il ne s'agit pas d'exclure toute logique économique, mais bien de canaliser les excédents vers la consolidation de l'activité, l'innovation sociale ou l'amélioration du service rendu, plutôt que vers la rémunération du capital. Par ailleurs, ce principe peut contribuer à renforcer une gouvernance plus démocratique, en limitant l'influence d'intérêts financiers au sein des organes décisionnels. C'est ce qui explique d'ailleurs, à la suite de récents scandales dans la gestion des EHPAD ou des crèches[1], que l'on en vienne à encourager le développement de structures de l'ESS pour l'exercice de certaines activités[2]. En effet, certaines activités semblent

---

[1] V. not. en ce qui concerne les EPHAD : V. Castanet, *Les fossoyeurs*, Fayard, 2022 ; puis concernant les crèches, du même auteur : *Les Ogres*, Flammarion, 2024.

[2] V. not. la tribune de B. Hamon, M. Pier Jézéquel et J.-L. Laville, « *Les services aux personnes âgées et aux jeunes enfants doivent être réservés*

difficilement compatibles avec des stratégies de rentabilité pure. Pour autant, ces vertus ne doivent pas dissimuler certaines lacunes, notamment les incertitudes juridiques entourant son périmètre, les difficultés de mise en œuvre concrète, ou encore les limites qu'il impose à l'attractivité financière des structures concernées.

B. Les lacunes du principe

Une première lacune du principe de lucrativité limitée peut résider dans son articulation avec les régimes spéciaux. Alors que l'on présente généralement le principe de lucrativité limité comme étant inspiré du droit coopératif, sa retranscription dans la loi ESS n'est pas sans susciter quelques interrogations. En effet, la loi ESS fait mention de « bénéfices » aussi bien dans la formulation du principe général que dans son prolongement à travers les principes de gestion. Or, ce terme est absent des textes relatifs aux coopératives où l'on fait plutôt référence à des excédents. Ce constat n'exclut pas les coopératives du principe de lucrativité limitée, puisqu'il ne met pas leur régime en contradiction avec la formulation générale du principe. En revanche, il pourrait en être déduit que ces dernières ne sont pas concernées par l'exigence selon laquelle « les bénéfices sont majoritairement consacrés à l'objectif de maintien ou de développement de l'activité de l'entreprise ». On remarque d'ailleurs que dans le régime des coopératives les excédents que les textes imposent de mettre en réserve sont parfois d'une ampleur inférieure à la majorité. Par exemple, la loi de 1947 n'impose de mettre en réserves que 15 % des excédents nets annuels jusqu'à ce que cette réserve atteigne

---

au secteur public et à l'économie sociale et solidaire », Le Monde, 16 oct. 2024.

un montant égal au capital social[1]. À cet égard, le législateur a-t-il voulu embrasser tellement large, lorsqu'il a formulé l'exigence de lucrativité limité, qu'il a finalement joué sur les mots afin d'intégrer les coopératives dans l'ESS telle que définie par la loi ?

Deux modalités de la lucrativité limitée pourraient alors émerger de cette lecture : l'une dans laquelle la rémunération du capital est contrainte par des textes qui imposent la constitution de réserves obligatoires importantes, les modalités d'affectation du reliquat étant quant à elles libres[2] ; l'autre dans laquelle la rémunération du capital tient moins à la constitution de réserves obligatoire d'ampleur qu'à l'instauration de règles d'affectation du reliquat après dotation de ces réserves[3]. Pour autant, il n'en reste pas moins qu'en pratique, les excédents[4], s'il fallait y voir une forme de bénéfices, sont généralement mis en réserve dans les coopératives, tandis que l'article 1er de la loi de 47 indique clairement en son dernier alinéa que « les excédents de la coopérative sont prioritairement mis en réserve pour assurer son développement et celui de ses membres ».

---

[1] Loi n° 47-1775 du 10 septembre 1947, art. 16. On trouve néanmoins des exigences plus poussées dans certains statuts spéciaux comme dans les SCIC et les coopératives agricoles.

[2] C'est ce qu'on retrouve dans les sociétés commerciales de l'ESS.

[3] C'est ainsi que dans les coopératives, on encadre la manière dont intérêt est versé.

[4] Notons aussi que les excédents d'exploitation provenant des activités réalisées avec des tiers non sociétaires sont parfois analysés comme étant des bénéfices, même si là encore les textes n'emploient pas ce terme. Le décret n° 2015-594 du 1er juin 2015 prévoit en son article 2, II que ces excédents d'exploitation peuvent être mis en réserve et ils sont généralement mis en réserve en pratique. Est-ce alors par ce biais que l'on pourrait considérer que la majorité des bénéfices sont consacrés à l'objectif de maintien ou de développement de l'activité de l'entreprise ? Cela semble assez peu convaincant sauf à se placer sur le versant de la pratique des textes plutôt que de leur contenu.

Cette disposition a sans doute un rôle incitatif majeur, mais « prioritairement » ne signifie pas « majoritairement », comme exigé dans la loi ESS. Il y a donc en la matière une certaine ambiguïté terminologique qui nuit quelque peu à l'intelligibilité des textes.

Par ailleurs, en ce qui concerne les sociétés commerciales, la loi du 31 juillet 2014 a prévu des conditions spécifiques pour que celles-ci puissent intégrer l'ESS et précisé les principes de gestion à respecter[1]. Dans ce cadre, il est notamment prévu un « prélèvement d'une fraction définie par arrêté du ministre chargé de l'économie sociale et solidaire et au moins égale à 50 % des bénéfices de l'exercice, affecté au report bénéficiaire ainsi qu'aux réserves obligatoires »[2]. Or, la mention du report bénéficiaire est pour le moins surprenante. Tandis que ce dernier n'est pas assimilable à une réserve[3], il ne peut être considéré comme étant impartageable et est censé réintégrer le processus d'affectation du résultat de l'exercice suivant[4]. A cette occasion, il faut souligner que cette intégration se fait en principe après les affectations obligatoires. De ce point de vue, le fait de mettre des bénéfices en report à nouveau ne contribue pas à limiter la

[1] Loi n° 2014-856 du 31 juillet 2014, art. 1er, II, 2°, c).

[2] L'arrêté du 3 août 2015 pris en application de l'article 1er de la loi n° 2014-856 du 31 juillet 2014 relative à l'économie sociale et solidaire fixant la fraction des bénéfices affectée au report bénéficiaire et aux réserves obligatoires précise en son article 2 qu'« *il est fait sur le bénéfice de l'exercice, diminué le cas échéant des pertes antérieures, un prélèvement de la moitié au moins, affecté aux réserves obligatoires, légales et statutaires, ou au report bénéficiaire* ».

[3] V. à ce sujet, C. Barillon, *La nature juridique du report à nouveau*, BJS, mai 2017, n° 116j2, p. 345.

[4] Code de commerce, art. L. 232-11, al. 1er et sur ce fondement : Cass. com., 12 févr. 2025, n° 23-11.410, *BJS* mars 2025, n° BJS203s3, note H. Le Nabasque ; *ibid* n° BJS203s4, note B. Dondero ; D. 2025 p.716, note C. Barillon et D. Gallois-Cochet ; RTD Com., 2025 p.147, note J. Moury ; JCP, E, n° 17, 24 avril 2025, 1123, note J.-B. Barbièri.

rémunération du capital, mais à la différer. L'exigence de lucrativité limitée s'en trouve alors étonnement affaiblie. Dès lors, cette référence au report à nouveau mériterait d'être supprimée.

Le principe de lucrativité limitée présente aussi certaines lacunes susceptibles de freiner le développement et l'efficacité des entreprises de l'ESS. Ce principe peut, à certains égards, compliquer le financement de ces structures, qui présentent une attractivité limitée pour les investisseurs traditionnels. Il peut alors en résulter des conséquences en cascade sur leur capacité à investir, à innover ou à attirer et fidéliser certains talents. De manière plus basique, c'est parfois le maintien même de l'activité qui peut être menacé. Même si ces entreprises ne s'inscrivent pas dans une logique de maximisation financière, elles sont néanmoins soumises à des impératifs de rentabilité minimale. Or, leur modèle économique ne garantit pas nécessairement cette rentabilité ni la possibilité de s'autofinancer de manière suffisante. Cette contrainte d'attractivité pour les capitaux privés a toutefois favorisé l'émergence de formes alternatives de financement – finance solidaire, investissements à impact – qui, bien qu'en développement, restent encore marginales.

L'on comprend alors le cri d'alarme du secteur face à une perspective de réduction importante des dotations publiques, qui accentue ces fragilités. À vrai dire, toutes les entreprises de l'ESS ne sont pas logées à la même enseigne, selon qu'elles relèvent du régime de la non-lucrativité stricte (comme les associations) ou de la lucrativité limitée (comme les coopératives ou les sociétés commerciales de l'ESS). Cette distinction conditionne non seulement leur accès au financement, mais aussi leur capacité d'action. Ces difficultés illustrent, plus globalement, les tensions inhérentes à un modèle hybride, à la fois porteur de valeurs sociales fortes et confronté aux contraintes d'un environnement économique exigeant. Dans ce contexte, la mise en place d'une politique publique ambitieuse et cohérente en faveur de l'ESS se révèle nécessaire. Elle devrait viser à sécuriser les ressources financières, à adapter les outils juridiques et fiscaux aux spécificités du secteur, et à reconnaître pleinement le rôle d'utilité sociale que jouent ces structures dans de nombreux domaines[1]. Une telle politique serait le gage non seulement de leur survie, mais aussi de leur pleine contribution à un modèle économique plus soutenable et solidaire.

En dernier lieu, alors que le thème de la durabilité et des impacts sociaux et environnementaux de l'activité prend de l'ampleur, il n'est pas acquis que le principe de lucrativité limitée permette de manière indiscutable de se conformer à ces exigences. Dans ce cadre, ce n'est pas seulement la question du traitement des fruits de l'activité qui est posée, c'est aussi celle des conditions dans lesquelles une activité génère des ressources. À cette occasion, il faut souligner que même si certains acteurs de l'ESS placent la problématique de la préservation de l'environnement au cœur de leur activité, cette dimension fondamentale de la RSE n'est pas inhérente au modèle des entreprises de l'ESS. Le même constat peut d'ailleurs être fait concernant les conditions de travail et l'intégration des salariés[2]. En revanche, il est vrai que les entreprises de l'ESS offrent des garanties intrinsèques quant à l'engagement sociétal, que le principe de lucrativité limitée vient soutenir. De ce point de vue, le principe de lucrativité limitée ne donne donc pas

---

[1]L'on peut penser notamment au développement de mécanismes de soutien financier spécifiques, de critères sociaux et environnementaux dans les marchés publiques pour des débouchés stratégiques aux structures de l'ESS ou encore d'avantages fiscaux propres à certaines formes juridiques ou à l'agrément ESUS.

[2] E. Bidet, M. Filippi et N. Richez-Battesti, *Repenser l'entreprise de l'ESS à l'aune de la RSE et de la loi Pacte*, RECMA, 2019/3, n° 353, p. 124.

pleinement satisfaction et peut impliquer certaines adaptations complémentaires.

Par conséquent, outre la lucrativité limitée, il faut sans doute être attentif, même dans les entreprises de l'ESS, à cultiver une rentabilité vertueuse, l'une n'étant pas une garantie de l'autre. Dans ce cadre, la soumission de certains acteurs aux nouvelles obligations de reporting issues de la directive CSRD jouera un rôle incitatif en la matière. Cependant pour la majorité d'entre eux, tout dépendra d'une démarche volontaire à travers l'adoption d'outils de mesure d'impact qui traduisent leur engagement au-delà de leur statut juridique[1].

[1] Par exemple une comptabilité socio-environnementale. V. à ce sujet : J.-N. Stoffel, *Le droit comptable face au défi de la transition écologique et sociale : vers un changement de paradigme* ? JCP, E n° 37, 14 sept. 2023, 1256.

Chapitre 2 : Les notions périphériques au champ de l'ESS

L'entreprise sociale

par S. Grandvuillemin
Maîtresse de conférences en droit privé
Université Sorbonne Paris Nord
Membre de l'IRDA (EA 3970).

« Entreprise sociale, entrepreneurs sociaux : ces termes appartiennent désormais aux discours et orientations des politiques publiques nationales et internationales, et traduisent dans certains cercles de grandes espérances en matière de progrès pour la société »[1].

L'apparition des entreprises sociales a modifié le paysage français et européen de l'entrepreneuriat alternatif, traditionnellement dominé par l'économie sociale. L'appellation d'entreprise sociale est née aux États-Unis au début des années 1980, à la faveur du tournant libéral des politiques publiques[2]. Des fondations américaines et des entrepreneurs fortunés ont commencé à soutenir des

---

[1] H. Noguès, *Entreprises sociales et entrepreneuriat social : émergence et enjeux de nouveaux modèles*, RECMA, 2019/3, n° 353, p. 107.

[2] J. Defourny et M. Nyssens, Approches *européennes et américaines de l'entreprise sociale : une perspective comparatiste*, RECMA 2011/1, n° 319, p. 18-35.

entreprises développant, surtout dans les pays du Sud, des projets à visée sociale et considérés comme innovants[1].

Les entreprises sociales se sont peu à peu diversifiées, mobilisant toutes les formes d'organisations, de l'association à la société commerciale la plus classique, exerçant des activités peu marchandes à destination de publics vulnérables, des activités lucratives intégrant des préoccupations sociales ou des activités sociales financées par des activités marchandes[2]. Les finalités poursuivies sont variées : soutien de personnes fragiles délaissées par l'Etat et le marché, contribution à la cohésion sociale et/ou territoriale, prise en compte de considérations environnementales, *etc*.

Quelles qu'elles soient, les entreprises sociales revendiquent un engagement social et moral au-delà de leur mission économique. Un mouvement des entreprises sociales s'est constitué, entrant dans la lumière dans les années 1990 grâce à des programmes universitaires nord-américains de formation et de soutien[3]. Porté par des courants fédérateurs et des réseaux de recherche[4], ce mouvement a pris son essor en Europe au début des années 2000.

---

[1] L'exemple le plus fameux est l'ONG Ashoka, constituée par l'entrepreneur Bill Drayton pour soutenir des entreprises menant des projets sociaux principalement en Inde.

[2] L'une des manifestations de l'entreprise sociale, le *social business*, a été mise en lumière par l'attribution en 2006 du Prix Nobel de la Paix à son promoteur, le bangladais Muhammad Yunus (le terme concerne les entreprises s'adressant à des clients très pauvres, et devant couvrir leurs coûts par des ressources marchandes).

[3] Lancés par la Harvard Business School avec son *Social Enterprise Initiative*, programme complété à partir de 2001 par le réseau universitaire international, le *Social Enterprise Knowledge Network*.

[4] Par exemple, la *Social Enterprise Coalition* au Royaume-Uni ou, plus tardivement en France, le Mouvement des entrepreneurs sociaux (Mouves), devenu Impact France ; réseau de recherches EMES (ÉMergence de l'Entreprise Sociale).

Dans le cadre de la stratégie de relance économique de l'Union européenne, la Commission européenne en 2011 et le Parlement européen en 2012 ont consacré respectivement une communication et une résolution à l' « Initiative pour l'entrepreneuriat social – Construire un écosystème pour promouvoir les entreprises sociales au cœur de l'économie et de l'innovation sociales »[1].

L'entreprise sociale y est définie comme une entreprise, quelle que soit sa forme juridique, « dont le principal objectif est d'avoir une incidence sociale plutôt que de générer du profit pour ses propriétaires ou ses actionnaires. Elle fonctionne en fournissant des biens et des services au marché et utilise essentiellement ses bénéfices pour atteindre des objectifs sociaux. Elle est soumise à une gestion responsable et transparente, notamment en associant ses employés, ses clients et les parties prenantes qui sont concernés par ses activités économiques »[2]. Les deux textes européens ont pu susciter de l'inquiétude chez les promoteurs de l'économie sociale. D'une part, une place centrale est accordée à l'entreprise sociale, dont les mérites justifiant des soutiens dédiés sont soulignés par le Parlement européen, ce qui semble reléguer l'économie sociale au second plan. D'autre part, les textes recèlent des ambiguïtés quant aux relations entre les notions d'entreprise sociale et d'économie sociale. L'entreprise sociale est présentée à la fois comme composante de l'économie sociale en tant que société de droit commun, et comme une notion trans-statutaire regroupant des sociétés

---

[1] Communication de la Commission européenne du 25 octobre 2011, COM (2011) 682 final ; Résolution du Parlement européen du 20 novembre 2012, 2012/2004 (INI).

[2] Communication de la Commission européenne du 25 octobre 2011, précitée ; pour une version plus développée, point 3 de la résolution du Parlement européen du 20 novembre 2012, précitée.

et des entreprises traditionnelles de l'économie sociale[1]. Dans l'ensemble, cette présentation confuse a pu donner l'impression que la notion d'entreprise sociale devenait pour les institutions européennes la figure de proue de l'entrepreneuriat engagé, en lieu et place de l'économie sociale. C'est dans ce contexte qu'est intervenue en France la loi n°2014-856 du 31 juillet 2014 consacrée à l'économie sociale et solidaire. Contrastant avec l'engouement européen pour l'entreprise sociale, la loi ESS ne fait pas mention de cette notion. Celle-ci ne bénéficie d'aucune reconnaissance *stricto sensu* dans la loi de 2014, ni d'ailleurs dans le droit français de manière générale[2]. Pour comprendre cette position, il est important de clarifier la notion d'entreprise sociale.

En tant qu'alternatives au modèle classique de la société capitaliste, entreprise sociale et ESS[3] sont incontestablement liées. Quelles relations ces deux notions entretiennent-elles ? L'entreprise sociale est-elle une

---

[1]Les statuts associatifs, mutualistes et coopératifs sont par ailleurs considérés comme « particulièrement adaptés aux entreprises sociales » : Communication de la Commission européenne du 25 octobre 2011, précitée, p. 4. Et plusieurs recommandations de la Commission destinées à améliorer l'environnement juridique des entreprises sociales portent exclusivement sur des statuts de l'économie sociale traditionnelle, comme simplifier le statut de coopérative européenne, créer un statut de fondation européenne, et évaluer les besoins d'un statut de mutuelle européenne.

[2] D. Hiez, *La définition française de l'économie sociale et solidaire est-elle plus ou moins accueillante aux entreprises sociales que d'autres définitions européennes ?*, *in* S. Grandvuillemin et C. Perrin-Joly (dir.), *Les entreprises sociales : quels statuts, quels acteurs, pour quel impact ? Regards croisés*, Bruxelles, éd. Bruylant, coll. Économie sociale et solidaire, 2024, p. 150, § 17 ; P. Gianfaldoni, L. Gardin et D. Hiez, *L'association entre entrepreneuriat social et projet sociopolitique : une réflexion critique sur les apports de la Loi ESS 2014*, RECMA 2024/1, n° 372-373, p. 120-136, spéc. 1.2.

[3] La notion d'ESS évoquée ici vise aussi la notion européenne d'économie sociale, pour faciliter la lecture.

composante de l'ESS, ou à l'inverse représente-t-elle l'ensemble des entreprises alternatives ? Il faut également se demander quels sont les critères d'identification de la notion d'entreprise sociale et s'ils sont cohérents et adaptés à ses objectifs.

Après avoir étudié de manière extrinsèque cette notion au regard de son articulation avec l'ESS, nous resserrerons l'analyse en nous penchant sur ses éléments constitutifs. Pour mieux la révéler, la notion d'entreprise sociale sera donc placée face à l'ESS (I), puis face à elle-même (II).

I. L'entreprise sociale face à l'ESS

Si la loi du 31 juillet 2014 ne se réfère pas à la notion d'entreprise sociale, elle prend cependant acte de son existence, mais en la plaçant dans le cadre de l'ESS, s'opposant ainsi à une conception extensive de la notion (A). Les institutions européennes et internationales ont par la suite adopté la même approche restrictive (B).

A. Une conception française favorable à une entreprise sociale contenue ...

L'entreprise sociale est bien présente dans la loi de 2014, mais implicitement, en toute discrétion : elle trouve son incarnation dans les sociétés commerciales de l'ESS[1]. L'étude d'impact dans le cadre du projet de loi sur l'ESS était sans ambiguïté sur ce point : « Les statuts de l'économie sociale et solidaire sont multiples : associations ayant une activité économique, mutuelles, fondations, coopératives, mais aussi entreprenariat social, qui

[1]S. Grandvuillemin, Être *ou ne pas être une entreprise de l'économie sociale et solidaire ? Une qualification entre unité et diversité*, JCP E, 2015, n° 46, Étude 1542, p. 19, § 7.

rassemble des entreprises commerciales à statut de SA ou de SARL, qui s'engagent à fonctionner selon les principes de l'économie sociale et solidaire […] Il s'agit ainsi, grâce au recours à la loi, de reconnaître l'appartenance au secteur de l'ESS d'acteurs (les « entrepreneurs sociaux ») qui développent leur activité en recourant aux statuts classiques d'entreprises relevant du Code du Commerce mais dont la finalité n'est pas seulement la recherche du profit, mais aussi l'utilité et la finalité sociale des activités qu'ils développent »[1]. En droit français, l'entreprise sociale, à travers les sociétés commerciales, est donc une composante de l'ESS, aux côtés des associations, mutuelles, coopératives et fondations.

Cette intégration est le fruit d'un compromis. Réserver l'appartenance à l'ESS, ouvrant droit à des soutiens spécifiques, aux seules entreprises de l'économie sociale traditionnelle n'était pas envisageable. Le législateur ne pouvait ignorer les critiques à l'égard des limites d'une approche exclusivement statutaire, formulées depuis bien longtemps par le courant des entreprises solidaires et relayées dans les années 2000 par le mouvement des entreprises sociales[2]. Dans ce contexte, la reconnaissance de l'existence de ces dernières était devenue une évidence, soulignée clairement par l'étude d'impact. Réaliste, le

[1]Étude d'impact sur le projet de loi relatif à l'économie sociale et solidaire, 24 juillet 2013, p. 5 et 11. En ce sens, B. Fonteneau et I. Pollet (dir.)), *La contribution de l'économie sociale et solidaire et de la finance solidaire à l'avenir du travail* , Rapport BIT, 2019, p. 15 ; F. Tiberghien, La loi de 2014 évaluée par le Conseil supérieur de l'ESS , RECMA, 2024/1, n° 372-373, p. 57 ; T. Duverger, *Un mode d'entreprendre pas comme les autres, l'ESS à l'épreuve de la transformation de l'entreprise*, RECMA, 2024/1, n° 372-373, p. 96.

[2]V. not. P. Cary et J.-L. Laville, *L'économie solidaire : entre transformations institutionnelles et chantiers théoriques*, Rev. Fr. Socio-Économie 2015/1, n° 15, p. 23 ; D. Hiez, *La richesse de la loi Économie sociale et solidaire,* Rev. sociétés 2015, p. 147-164.

législateur en a pris acte, mais sans pour autant donner le premier rôle aux entreprises sociales. Résultat d'un délicat exercice d'équilibriste, la loi a consacré l'économie sociale et solidaire et son caractère trans-statutaire, permettant d'accueillir dans son champ les entreprises sociales se conformant à ses principes directeurs.

Pragmatique, ce choix législatif n'est cependant pas dénué de considérations idéologiques. Il matérialise le rejet de la conception de l'entreprise sociale portée par le courant nord-américain de l'entrepreneuriat social. Dans ce cadre, l'entreprise sociale est considérée comme « le fruit d'une démarche d'un entrepreneur-innovateur s'inscrivant dans une culture commerciale et un registre d'efficacité classiques pour atteindre, principalement par des recettes marchandes, des objectifs sociaux, sans exclure la possibilité de l'obtention d'un résultat financier appropriable par l'entrepreneur »[1]. L'entrepreneuriat social soutient les initiatives individuelles d'entrepreneurs dynamiques et innovateurs, souvent héroïsés[2], et promeut l'utilisation des instruments managériaux et financiers des grandes sociétés commerciales, considérés comme les plus pertinents pour résoudre les problèmes sociaux[3]. Il porte une conception néolibérale de l'entreprise sociale aux antipodes du projet collectif et démocratique de l'ESS et de

---

[1] H. Nogues, *Entreprises sociales et entrepreneuriat social : émergence et enjeux de nouveaux modèles,* op. cit., § 28.

[2] M. Langevin, S. A. Lefevre et A. Brunet-Bélanger, *Acteurs dominants du développement international : quelle vision pour l'action sociale des entreprises ? Le cas de la Fondation Mastercard, in* S. Grandvuillemin et C. Perrin-Joly (dir.), *Les entreprises sociales : quels statuts, quels acteurs, pour quel impact ? Regards croisés*, op. cit., p. 114 et s., § 18 et s.

[3] J.-F. Draperi, *L'entrepreneuriat social, un mouvement de pensée inscrit dans le capitalisme*, RECMA, 2010, n° 319, p. 18 ; H. Nogues, *Entreprises sociales et entrepreneuriat social : émergence et enjeux de nouveaux modèles*, op. cit.

son ambition de proposer des modèles juridiques alternatifs à la société commerciale classique. Il n'était pas question pour le législateur français de diluer l'ESS dans le bain de l'entrepreneuriat social. Au contraire, contenue, l'entreprise sociale doit entrer dans le cadre de l'ESS et de ses valeurs.

B. …relayée aux niveaux européen et international : l'entreprise sociale, composante de l'ESS

Dès 2015, le Parlement européen et le Conseil de l'UE ont éclairci leur position, centrant désormais leurs textes sur l'économie sociale et présentant l'entreprise sociale comme l'une de ses composantes, aux côtés des associations, mutuelles, coopératives et fondations[1]. La Commission européenne a fait de même dans son premier plan d'action sur l'économie sociale en 2021[2].

Entrant dans le jeu, les instances internationales ont rejoint cette position. Ainsi, l'OIT a adopté le 10 juin 2022 une définition « universelle » de l'ESS englobant les entreprises sociales : « selon les circonstances nationales, l'économie sociale et solidaire inclut les coopératives, les associations, les mutuelles, les fondations, les entreprises sociales, les groupes d'entraide et les autres entités fonctionnant selon les valeurs et principes de l'ESS »[3]. Le

---

[1] Rapport du Parlement européen du 30 juillet 2015 sur l'entrepreneuriat social et l'innovation sociale dans la lutte contre le chômage, 2014/2236(INI) ; Recommandation du Conseil de l'UE du 7 décembre 2015, « Promotion de l'économie sociale ».

[2] Communication de la Commission européenne du 9 décembre 2021, *Construire une économie au service des personnes : plan d'action pour l'économie sociale*, COM (2021) 0778 : not. « *Les entreprises sociales sont considérées aujourd'hui comme faisant partie de l'économie sociale* ».

[3] "According to national circumstances, the SSE includes cooperatives, associations, mutual societies, foundations, social enterprises, self-help groups and other entities operating in accordance with the values and

même jour, dans une recommandation sur l'ESS et l'innovation sociale, l'OCDE a édicté une définition de l'ESS sur une base similaire : « L'économie sociale, également nommée économie solidaire et/ou économie sociale et solidaire dans certains pays, se compose d'un ensemble d'organisations telles que les associations, les coopératives, les mutuelles, les fondations et, plus récemment, les entreprises sociales »[1]. Enfin, l'Assemblée générale des Nations Unies s'est appuyée explicitement sur la définition de l'ESS retenue par l'OIT, dans deux résolutions en 2023 et en 2024[2].

Certains ont pu considérer que la loi française du 31 juillet 2014 avait influencé le droit européen et fait école sur le plan international[3]. Ce qui est certain, c'est que dix ans après la loi ESS, les institutions françaises, européennes et internationales se trouvent sur la même ligne[4]. En plaçant

---

principles of the SSE." OIT, Resolution concerning decent work and the social and solidarity economy, 10 juin 2022.

[1] OCDE, *Recommandation du Conseil sur l'économie sociale et solidaire et l'innovation sociale*, 10 juin 2022, OECD/LEGAL/0472, p. 6.

[2] Résolution 77/281 du 18 avril 2023 et Résolution du 20 novembre 2024, *La promotion de l'économie sociale et solidaire au service du développement durable*. V. aussi Union africaine, *L'ESS dans l'Union africaine – Stratégie décennale de l'ESS et plan de mise en œuvre (2023-2033)*, 20 septembre 2024.

[3]Avis du CSESS sur le bilan de la loi 2014, p.30, www.economie.gouv.fr ; B. Hamon, entretien avec Maryline Filippi, La *loi de 2014 et ses perspectives pour l'ESS*, RECMA 2024/1, n° 372-373, p. 32.

[4]Avec parfois encore quelques *hiatus* : une recommandation de la Commission européenne en 2024, saluant le rôle précieux des « acteurs sociaux » dans la lutte contre la précarité énergétique, cite les entreprises sociales mais pas l'économie sociale : Recommandation (UE) 2024/2481 du 13 septembre 2024 définissant des lignes directrices pour l'interprétation des articles 21, 22 et 24 de la directive (UE) 2023/1791 en ce qui concerne les dispositions relatives aux consommateurs, spéc. points 6-6-1 et 6-6-2.

sans ambiguïté les entreprises sociales dans la sphère de l'ESS, elles ont rejeté une conception néolibérale de l'entreprise sociale reposant sur le modèle dominant de la société commerciale lucrative, privilégiant ainsi les alternatives démocratiques, collectives et émancipatrices. Révélée par son articulation avec la notion d'ESS, l'entreprise sociale peut désormais être identifiée en la plaçant face à elle-même.

II. L'entreprise sociale face à elle-même

Évanescente, la notion d'entreprise sociale est difficile à appréhender sur le plan juridique. Sur le plan international, l'OCDE en a proposé une définition assez vague et sans valeur normative dans sa recommandation du 10 juin 2022 : « entité qui propose des biens et services pour réaliser des objectifs sociétaux et dont le but principal n'est pas la maximisation du profit à des fins d'enrichissement personnel, mais son réinvestissement pour la réalisation continue des objectifs »[1].

En droit européen, les critères de l'entreprise sociale peuvent être trouvés dans le règlement n°346/2013 sur les fonds d'entrepreneuriat social européens, à destination des investisseurs souhaitant soutenir des projets à finalité sociale[2]. En France, la loi du 31 juillet 2014 soumet les

---

[1] OCDE, *Recommandation du Conseil sur l'économie sociale et solidaire et l'innovation sociale*, précitée.

[2] Sur la base de celle donnée par le Parlement européen dans sa résolution du 20 novembre 2012 sur l'Initiative pour l'entrepreneuriat social, précitée, point 3. Un autre règlement européen en matière financière reprend peu ou prou cette définition, mais en utilisant l'entreprise sociale comme une appellation générique englobant l'économie sociale : règlement 2021/1057 du 24 juin 2021 instituant le Fonds social européen plus, spéc. article 2.1, alinéa 13, abrogeant le règlement 1296/2013 du 11 décembre 2013 relatif au programme européen pour l'emploi et l'innovation sociale.

sociétés commerciales, incarnant les entreprises sociales françaises, à plusieurs critères d'appartenance à l'ESS[1]. Tous ces critères poursuivent une même finalité : déterminer quelles entreprises méritent d'être aidées. Même si leurs champs d'action ne sont pas les mêmes, leur confrontation doit permettre de comparer les approches française et européenne des éléments constitutifs de la notion d'entreprise sociale. Dans l'article 3, d) du règlement européen et dans l'article 1er, II, 2 de la loi de 2014, une entreprise est sociale par l'objectif poursuivi (A) et par son mode de fonctionnement (B).

A. Un objectif social affirmé, une matérialisation ouverte

Les entreprises sociales au sens du règlement n°346/2013 et les sociétés commerciales de l'ESS française exercent leurs activités économiques en poursuivant un objectif social. Ainsi, selon le règlement européen, l'entreprise sociale « a pour objectif principal, en vertu de ses statuts ou de tout autre document constitutif, de produire des effets sociaux positifs et mesurables ». La mesurabilité de ces effets sociaux doit être considérée avec prudence, en raison des difficultés pratiques résultant de l'inadéquation aux actions sociales des critères économiques et quantitatifs utilisés[2]. S'agissant des sociétés commerciales françaises, au-delà d'un but « autre que le seul partage de bénéfices »

[1]Se matérialisant dans les statuts des sociétés.

[2]Auxquels recourent les financeurs des entreprises sociales. En ce sens, v. les travaux de recherches en économie et en sciences de gestion : not. S. Mertens et V. Xhauflair, *Peut-on mesurer l'impact d'une entreprise sociale à travers un unique ratio financier ? Critique de l'approche SROI*, *in* S. Grandvuillemin et C. Perrin-Joly (dir.), *Les entreprises sociales : quels statuts, quels acteurs, pour quel impact ? Regards croisés*, op. cit., p. 199-218.

caractérisant les entreprises de l'ESS[1], elles doivent poursuivre une utilité sociale appréciée au regard de l'objectif de leur activité principale. Contrairement au droit européen, aucune référence n'est faite à l'évaluation de cette utilité sociale, ce qui n'est pas en soi négatif au regard des réserves pratiques précédemment émises.

Les textes européen et français précisent ensuite la manière dont se matérialise l'objectif social. Le règlement n°346/2013 indique ainsi trois modalités possibles :

- l'exercice d'une activité économique à destination de « *personnes vulnérables, marginalisées, défavorisées ou exclues* »,

- l'utilisation d'une « méthode de production de biens et de services qui soit la matérialisation de son objectif *social* », le règlement citant à titre d'exemples les activités concernant l'insertion professionnelle ou la protection de l'environnement (lutte contre la pollution, recyclage, etc.)[2],

-le « soutien financier [apporté] exclusivement aux entreprises sociales ».

En France, l'article 2 de la loi ESS énumère les objectifs caractérisant une utilité sociale. Comme dans le règlement n°346/2013, sont cités le soutien de personnes fragiles et la lutte contre leur exclusion[3]. Des objectifs en dehors du domaine strictement social sont également visés, de manière ouverte : contributions au lien social et à la cohésion territoriale, à l'éducation à la citoyenneté, « au développement durable, à la transition énergétique, à la promotion culturelle ou à la solidarité internationale »[4], et enfin « à la préservation et à la mise en valeur des

---

[1]Loi n°2014-856 du 31 juillet 2014, article 1er, I, 1°.

[2] Exemples donnés au point 14 du règlement n°346/2013.

[3]En raison de leur situation personnelle, économique ou sociale, « et particulièrement de leurs besoins en matière d'accompagnement social, médico-social ou sanitaire ».

[4] Dès lors que l'activité contribue « à produire un impact » par l'une des actions précédentes.

monuments historiques et des sites, parcs et jardins protégés ». Si l'objectif social est affirmé, sa matérialisation est conçue par les textes européen et français de manière plutôt compréhensive.

B. Un mode de fonctionnement encadré : affectation des bénéfices et gouvernance

Les entreprises sociales se caractérisent par l'objectif social poursuivi, mais aussi par leur mode de fonctionnement. Droits européen et français énoncent des exigences dans deux domaines : l'utilisation des profits réalisés par les entreprises dans le cadre de leurs activités économiques et les modalités de leur gouvernance.

Pour le premier point, le règlement n°346/2013 exige que les bénéfices soient affectés en priorité à la poursuite de l'objectif social principal de l'entreprise ; une distribution aux actionnaires est possible à condition qu'elle ne compromette pas cet objectif[1]. La loi n°2014-856 du 31 juillet 2014 repose sur un principe similaire : les profits des sociétés commerciales, comme ceux des autres entreprises de l'ESS, doivent être « majoritairement consacrés à l'objectif de maintien ou de développement de [leur] activité »[2]. Mais elle va plus loin que le règlement européen, en accompagnant ce principe d'obligations financières précises. D'une part, les sociétés commerciales sont non seulement tenues, comme toute entreprise de l'ESS, de collectiviser leurs

---

[1] L'entreprise sociale « utilise ses bénéfices, avant tout, pour atteindre son objectif social principal, conformément à ses statuts ou à tout autre document constitutif de l'entreprise, et aux procédures et règles prédéfinies qui y figurent, et qui déterminent les situations où des bénéfices sont distribués aux actionnaires et aux propriétaires pour faire en sorte que de telles distributions de bénéfices ne compromettent pas son objectif essentiel » (article 3, d du règlement n° 346/2013).

[2] Loi n°2024-856 du 31 juillet 2014, article 1er, I, 3°.

profits en constituant des réserves impartageables conséquentes, mais ces exigences sont alourdies pour ces sociétés[1] : constitution d'une réserve statutaire atteignant 20 % du capital social par prélèvement d'au moins 20 % des bénéfices annuels et affectation d'au moins 50 % de ces derniers au report bénéficiaire et aux réserves obligatoires, légale et statutaire[2]. D'autre part, les sociétés ne sont pas autorisées à amortir leur capital et à en réduire le montant si cette réduction n'est pas motivée par des pertes, sauf exceptions[3]. Avec ces obligations financières, destinées à favoriser la pérennité des entreprises, la loi ESS porte une conception bien plus exigeante de l'entreprise sociale que le droit européen.

Pour le second point, la gouvernance des entreprises sociales doit présenter certaines caractéristiques les distinguant des sociétés capitalistes classiques. Ainsi, selon le règlement n°346/2013, l'entreprise doit être « gérée de manière transparente et qui oblige à rendre des comptes, notamment par l'association de son personnel, de ses clients et des parties prenantes concernés par ses activités économiques ». La gestion est donc transparente, responsable et participative. La loi de 2014 ne reprend pas toutes ces exigences. Elle indique que la gouvernance des sociétés commerciales de l'ESS, comme celle de toute entreprise de ce secteur, est « démocratique, définie et organisée par les statuts, prévoyant l'information et la participation, dont l'expression n'est pas seulement liée à

---

[1] Loi n°2024-856 du 31 juillet 2014, article 1er, II, 2°.

[2] Les bénéfices sont diminués des éventuelles pertes antérieures. Ces exigences sont supérieures à celles imposées aux sociétés coopératives, pourtant déjà rigoureuses en la matière (obligation de constituer des réserves impartageables du montant de leur capital par prélèvements annuels d'au moins 15 % de leurs bénéfices).

[3] Pour assurer la continuité de l'activité, dans des cas précis. V. article 1er du décret n° 2015-760 du 24 juin 2015, dans les conditions prévues notamment par l'article L 225-209-2 du code de commerce.

leur apport en capital ou au montant de leur contribution financière, des associés, des salariés et des parties prenantes aux réalisations de l'entreprise »[1].

Gouvernance participative *versus* gouvernance démocratique : à première vue, la loi française se montre plus stricte que le droit européen. Mais la différence n'est que de façade. En réalité, plus qu'une gouvernance « démocratique », c'est une gouvernance participative qui est visée par la loi de 2014, selon des modalités librement déterminées dans les statuts, bien loin de la règle légale « une voix par personne » imposée aux entreprises statutaires de l'ESS[2]. Sur ce point, la loi française se situe finalement dans la même ligne que le droit européen. ESS et entreprise sociale ont entretenu pendant un temps des relations ambivalentes, désormais normalisées : l'entreprise sociale est aujourd'hui un membre de la famille ESS, aux côtés des associations, mutuelles, coopératives et fondations. Les conceptions française, européenne et internationale sont alignées sur ce point. Afin de parachever ce rapprochement, il serait souhaitable d'introduire dans la loi n°2014-856 du 31 juillet 2014, pour désigner les sociétés commerciales de l'ESS, la terminologie d'entreprises sociales et faciliter ainsi leur identification. Par le jeu des influences réciproques des systèmes juridiques, une notion d'entreprise sociale uniformisée ne semble plus être une chimère.

Pour l'ESS, le mouvement est déjà amorcé sur le plan international et européen. Inclusive, la famille de l'ESS, après avoir intégré les entreprises sociales, accueille

---

[1] Loi n°2024-856 du 31 juillet 2014, art. 1er, I, 2°.

[2] La règle « une voix par personne » est certes éminemment démocratique mais elle ne saurait constituer l'*alpha* et l'*omega* de la gouvernance démocratique. À cet égard, les statuts coopératifs et mutualistes ne sont pas naturellement propices à la mise en place d'un processus de participation des parties prenantes, au premier rang desquelles les salariés.

aujourd'hui de nouveaux membres, comme « les groupes d'entraide et les autres entités fonctionnant selon les valeurs et principes de l'ESS »[1]. En droit français, l'ouvrage de la loi du 31 juillet 2014 devra probablement être remis sur le métier pour contribuer à renforcer une notion d'ESS vivante et nécessairement évolutive.

[1] OIT, Résolution sur le travail décent et l'économie sociale et solidaire, précitée ; v. aussi les résolutions de l'ONU du 18 avril 2023 et du 20 novembre 2024, précitées. Les institutions européennes visent quant à elles plus largement « des entités revêtant d'autres formes juridiques » : Résolution du Parlement européen du 6 juillet 2022 sur le plan d'action de l'Union européenne pour l'économie sociale (2021/2179(INI)), spéc. point 5, et Recommandation du Conseil de l'UE du 27 novembre 2023 relative à la mise en place des conditions-cadres de l'économie sociale, C/2023/1344, point 4.

Société à mission et économie sociale et solidaire

par Karine Rodriguez
MCF-HDR
UPPA, E2S UPPA, CNRS, UMR TRansitions Énergétiques et Environnementales (UMR 6031 TREE).

Concernant un peu moins de 2000 sociétés, le statut de « société à mission » a été créé par la loi dite « Pacte » n°2019-486 du 22 mai 2019 relative à la croissance et la transformation des entreprises[1], sur préconisation du rapport Notat-Sénard[2] et sur inspiration du modèle américain de la « Benefit corporation ».

La conception de ce statut participe des mesures successives du droit des sociétés ayant pour ambition de faire émerger un capitalisme responsable. Y figurent le reporting extra-financier avec le rapport de durabilité qui remplace la déclaration sur la performance extra financière[3], l'obligation d'établir un plan de vigilance pour les sociétés mères ou donneuses d'ordre[4] ou encore

[1]Loi n°2019-486 du 22 mai 2019, article 176.

[2] Rapport Notat- Sénart, *L'entreprise objet d'intérêt collectif*, rapport 9 mars 2018, p.69.

[3] V. Directive (UE) 2022/2464 du Parlement européen et du Conseil du 14 décembre 2022 modifiant le règlement (UE) no 537/2014 et les directives 2004/109/CE, 2006/43/CE et 2013/34/UE en ce qui concerne la publication d'informations en matière de durabilité par les entreprises ; Ordonnance n°2023-1142 du 6 déc. 2023 ; Décret 2023-1394 du 30 décembre 2023.

[4] Loi n° 2017-399 du 27 mars 2017 relative au devoir de vigilance des sociétés mères et des entreprises donneuses d'ordre.

l'injonction de gérer la société dans son intérêt social en prenant en considération les enjeux sociaux et environnementaux de son activité qui a été posée dans le droit commun des sociétés à l'article 1833 du Code civil[1]. La consécration de la société à mission est dans ce contexte l'une des manifestations les plus remarquables de la volonté du législateur de faire conjuguer intérêt économique et prise en compte des impératifs sociaux et environnementaux.

Pour autant, les sociétés à mission ne constituent pas une forme particulière de société. Ce statut est accessible à toutes les sociétés commerciales afin de leur permettre de se prévaloir de cette qualité en contrepartie de l'application de règles et contraintes spécifiques posées aux articles L.210-10 à L.210-12 du code de commerce. Rappelons que pour pouvoir se déclarer société à mission et faire publiquement état de cette qualité, la société doit[2] préciser dans ses statuts une raison d'être au sens de l'article 1835 du Code civil[3] ainsi qu'un ou plusieurs objectifs sociaux et environnementaux que la société se donne pour mission de poursuivre dans le cadre de son activité (actions à mener formulées de manière précise et concrète ; prévoir un contrôle interne par un « comité de mission » (ou un référent de mission dans les sociétés employant moins de 50 salariés) organisé par les statuts, distinct des organes sociaux et comportant au moins un salarié. Il rendra un rapport sur le suivi de l'accomplissement de la mission joint au rapport de gestion pour présentation à l'assemblée. Ce comité procède à toute vérification qu'il juge opportune et

[1]La non-lucrativité en droit des sociétés gagne du terrain. SCIC, fonds de pérennité, fondations d'actionnaires.

[2] Pour une étude précise des conditions à remplir, V. B. Teyssié, *Sociétés commerciales – Les sociétés à mission*, JCP, G, 26 avril 2021, doctr.477.

[3] Code Civil, art.1835 : « *principes dont la société se dote et pour le respect desquels elle entend affecter des moyens dans la réalisation de son activité* ».

se fait communiquer tout document nécessaire au suivi de l'exécution de la mission ; se soumettre à un contrôle externe tous les deux ans[1] par un organisme tiers indépendant de la bonne exécution des objectifs sociaux et environnementaux, cet avis étant publié sur le site internet de la société et devant demeurer publiquement accessible pendant 5 ans au moins.

Force est donc de constater que le but de ces sociétés n'est plus restreint au partage ou à la réalisation d'un bénéfice ou d'une économie mais s'étend à la recherche d'autres objectifs qui favorisent la maîtrise par la société des impacts sociaux et environnementaux de son activité. Aussi, par la création des sociétés à mission, le législateur prend acte du fait que le but des sociétés n'est plus uniquement lucratif et leur offre un nouveau modèle pour parvenir à réaliser leurs objectifs de RSE dans une démarche volontariste.

Or, cela n'est pas sans rappeler les objectifs des entités de l'économie sociale et solidaire[2] qui conjuguent activité économique et utilité sociale. De sorte que l'adoption du statut de société à mission en 2019 pose la question de son rapport au modèle juridique de l'entreprise de l'économie sociale et solidaire de la loi n°2014-856 du 31 juillet 2014. Car si l'on peut se féliciter de l'existence de dispositifs qui contribuent à une économie responsable promouvant des valeurs sociales sociétales et environnementales, cette coexistence questionne dans la mesure où elle pourrait engendrer des difficultés de lisibilité des entités vectrices d'une économie éthique en raison d'éventuels

---

[1] Le premier contrôle s'effectue au bout de 18 mois pour les sociétés de 50 salariés et plus, 2 ans pour les autres qui peuvent également demander à espacer les contrôles de 3 ans au lieu de 2.

[2] Sur le concept d'économie sociale et solidaire, voir la loi n° 2014-856 du 31 juillet 2014 modifiée relative à l'économie sociale et solidaire.

recoupements ou confusions, voire même d'un risque de dilution ou d'absorption.

Cette problématique implique de mener une réflexion de type comparatiste sur les notions et régimes de la société à mission et de l'entreprise de l'ESS éventuellement bénéficiaire de l'agrément ESUS, avec laquelle la société à mission doit nécessairement s'articuler.

Cette réflexion va d'ailleurs au-delà de la question de l'articulation des deux entités. Elle contribuera également à mieux comprendre les modèles vecteurs de changement dans le monde des affaires en faveur de la prise en compte d'une éthique sociale et environnementale, circonscrire la notion d'ESS, et s'interroger sur sa définition et son périmètre, éventuellement dans une perspective d'évolution ; car définir l'ESS c'est aussi la distinguer de ce qui en fait partie et de ce qui n'en fait pas partie, identifier les leviers permettant l'enrichissement ou le perfectionnement des modèles et de leurs régimes. Cet exercice d'analyse comparative va nous amener à raisonner en deux temps. Nous verrons dans un premier temps comment se manifeste la proximité des modèles (I) avant de reconnaître malgré cela l'opportunité de leur coexistence (II).

I. La proximité manifeste des modèles

Liée à la convergence de leurs objectifs, la convergence des modèles se traduit par leur concurrence (A) ainsi que par leur superposition (B).

A. La concurrence des modèles

Bien entendu, il n'y a aucune concurrence entre la société à mission et les structures qui figurent de plein droit dans l'ESS, en raison de leur forme juridique, comme les associations. En revanche, la ressemblance est forte entre la société à mission et l'entreprise sociale, c'est-à-dire les sociétés qui participent de l'ESS à condition de remplir certains critères, dont l' « utilité sociale ». Les sociétés de l'ESS, c'est-à-dire les entreprises sociales et sociétés à mission présentent de nombreux points communs qui rendent les modèles extrêmement proches.

Les deux modèles adoptent la structure juridique lucrative qu'est la société, qu'elle soit une société commerciale de droit commun ou coopérative. Puis, sans que la distribution de bénéfices leur soit interdite, ces deux types de modèles ont une finalité qui n'est pas exclusivement lucrative. Leur objectif n'est pas le seul partage des bénéfices. Ce dernier objectif doit se conjuguer avec la construction d'un modèle plus éthique en ce sens qu'il poursuit des objectifs sociaux et répond à des défis sociétaux que leurs statuts doivent mettre en avant.

Pour les sociétés de l'ESS, un but d'utilité sociale est requis, dont la définition posée à l'article 2 de la loi n°2014-856 du 31 juillet 2014 est très accueillante ; elle vise le soutien en direction des publics ou de territoires vulnérables, la préservation du lien social et le rétablissement de la cohésion sociale et territoriale, l'éducation à la citoyenneté par l'éducation populaire, le développement durable et solidaire, la transition énergétique et la solidarité internationale ou encore la préservation des monuments historiques et des sites protégés.

Pour les sociétés à mission, il convient d'identifier dans les statuts des objectifs sociaux et environnementaux, ce qui est vaste et proche. A l'image de son homologue américain, la *benefit corporation*, elle est une entité à but lucratif qui veut tenir compte dans sa gestion, de l'impact de son activité sur la société et de l'environnement. Les deux modèles permettent la prise en compte des valeurs non capitalistes qu'elles inscrivent dans leurs statuts, utilité sociale et objectifs sociaux et environnementaux étant en fin de compte extrêmement proches, si besoin au détriment de profits à court terme. Enfin, les deux modèles se prévalent de leurs valeurs non capitalistes à l'égard des tiers, car dans les deux cas, le modèle bénéficie d'une véritable reconnaissance, d'une sorte de label qui affiche une finalité sociale dans laquelle le collectif s'engage, le label société de l'ESS voire même l'agrément « ESUS » pour l'un, le label « société à mission » pour l'autre.

En synthèse, les deux modèles résultent en quelque sorte d'une « métamorphose » de la société « classique », vue comme l'outil du capitalisme, en faveur de la prise en compte d'intérêts sociaux, pour un capitalisme social et responsable. Ils permettent d'ancrer dans les statuts de la société des finalités autres que financières et opposables. Cette identité d'ambition questionne la lisibilité et les frontières entre les modèles proposés. Elle interroge d'autant plus qu'un cumul de qualité est parfois constaté.

B. Le cumul des modèles

Le statut de société à mission est accessible aux mutuelles grâce à la consécration spécifique du statut de « mutuelle à mission », ainsi qu'aux sociétés commerciales, sans aucune distinction selon les formes de sociétés, coopératives ou de droit commun. Aucun obstacle juridique ne s'oppose donc à ce que les sociétés coopératives qui participent de plein droit de l'ESS et les sociétés qui entrent dans le périmètre de l'ESS parce qu'elles en remplissent les critères, adoptent le statut de sociétés à mission.

Des entreprises de l'ESS, y compris de grandes entreprises de l'ESS, ont d'ailleurs fait la démarche de devenir société à mission. L'une des premières fut la Maïf dont le directeur général avait défendu le statut de société à mission lors de sa création par la loi Pacte. La Maïf a modifié ses statuts le 11 juillet 2020 et fut suivie par d'autres entreprises de l'ESS comme Mutuelle La Tutélaire, Mutuelle MGP, Matmut, Harmonie mutuelle, Invivo, un géant de la coopération agricole, ou encore la Scop Up.

On peut se questionner sur l'intérêt d'une telle superposition de qualité. Assurément, l'intérêt n'est pas fiscal puisque les sociétés à mission ne bénéficient pas d'un avantage fiscal. Il est davantage d'ordre marketing. Puisque d'une certaine manière les sociétés de l'ESS se considèrent comme des sociétés à mission par nature, autant le faire savoir. Mais il ne faudrait pas que ce ne soit que du *prupose washing*, qui se réduirait à une démarche marketing sans démarche stratégique réelle pour réaliser les objectifs mis en avant. On peut se demander si tel n'est pas parfois le cas. Ainsi, si en juin 2020, Danone est devenue la première société cotée à adopter le statut de société à mission, cela n'a pas empêché son PDG Emmanuel Faber de se faire révoquer dès mars 2021 pour résultats décevants.

L'engagement dans le statut de société à mission permet par ailleurs de profiter de l'identification de la raison d'être et des actions concrètes qui en découlent pour impulser une synergie au sein de l'entreprise et d'accroître les engagements de l'entreprise grâce aux statuts qui vont plus loin avec la formalisation d'une raison d'être et l'assignation d'objectifs de mission clairs et contrôlés. L'engagement des acteurs est dans le même temps amplifié. A ce sujet, il faut bien avoir à l'esprit que les dirigeants s'engagent dans de nouvelles missions, de sorte que leur responsabilité peut être mise en jeu lorsque leur action est insuffisante ou préjudiciable pour atteindre les objectifs sociaux ou environnementaux identifiés statutairement. Mais pour cela, encore convient-il que les principes énoncés soient suffisamment précis pour engager les dirigeants. Car en pratique, des entreprises choisissent parfois des « allégations molles » qui participent à la stratégie de communication destinée à améliorer l'image d'une entreprise et à influencer l'opinion publique, mais sans incidence réelle sur les actions de la société. En outre, si la responsabilité du dirigeant peut être engagée grâce à une action sociale, *ut singuli* ou *ut universi,* pour préjudice d'image ou baisse du chiffre d'affaires par exemple, l'exigence d'une faute détachable des fonctions peut freiner leur responsabilité à l'égard des tiers. Reste que la société elle-même pourrait engager sa responsabilité, voire les associés, pour abus de majorité ou de minorité, lorsqu'ils prennent des décisions sacrifiant la mission sur l'autel de la rentabilité ou empêchent des prises de décisions importantes pour réaliser la mission. Le cumul contribue par ailleurs à attirer les investisseurs responsables, créant ainsi une plus grande stabilité des investisseurs tout en réduisant les risques de prises de contrôle indésirables.

Enfin, le statut de société à mission permet aux entreprises de l'ESS de s'adjoindre des considérations nouvelles : les considérations environnementales qui ne sont pas prédominantes dans les critères de l'ESS. Cela favorise également la satisfaction d'intérêts sociaux et environnementaux extérieurs aux besoins de leurs membres pour des coopératives qui adoptent le statut de société à mission. Ainsi la SCIC Ulisse est devenue société à mission en précisant dans sa raison d'être qu'elle avait « le souci de l'adaptation territoriale au changement climatique » et dans son « objectif statutaire environnemental » qu'elle « participe à l'adaptation aux changements environnementaux et climatiques à travers sa palette d'activités socio-économiques dans le domaine de l'insertion par l'activité économique et de l'expérimentation territoire zéro chômeur de longue durée ».

En conclusion, la proximité entre les modèles de sociétés de l'ESS et de société à mission est indéniable, elle se manifeste par des situations de concurrence voire de cumul de qualité. Est-ce regrettable pour autant ? Cela génère-t-il une redondance ou une illisibilité du paysage juridique ? Rien n'est moins sûr. Bien au contraire, la coexistence des modèles nous apparaît opportune et non de nature à remettre en question les modèles.

II. La coexistence opportune des modèles

Proximité ne signifie pas confusion. Au contraire, les deux modèles restent différents. L'articulation des modèles paraît donc satisfaisante grâce à la complémentarité qui en résulte (A). Elle peut toutefois être améliorée grâce à un enrichissement réciproque de leurs régimes à analyser (B).

A. Une articulation satisfaisante grâce à une complémentarité des modèles

Une société à mission n'est pas en tant que telle une entreprise sociale et une entreprise sociale ne remplit pas nécessairement les critères de la société à mission. Des différences de démarche qu'elles supposent et de logique en font en effet des modèles complémentaires.

Différence de démarche tout d'abord. L'entreprise sociale bénéficie d'un statut légal et renvoie à une démarche contraignante avec un contrôle *a priori*. La société à mission relève d'un choix statutaire, autrement dit, d'une démarche volontaire, avec un double contrôle *a posteriori* (contrôle interne et contrôle par l'organisme tiers indépendant).

Différence de logique ensuite. Cette différence de logique correspond à la distinction entre d'une part, l'objectif (finalité de gestion) et la structure (modalités de gestion) et entre d'autre part, le but lucratif et le but lucratif limité. En effet, la société à mission enrichit le but des sociétés d'objectifs sociétaux et environnementaux grâce à des mentions statutaires. Ce faisant les finalités de la gestion de la société sont élargies au-delà du but lucratif entendu dans son sens classique comme la volonté de partager des bénéfices ou des économies.

Le premier modèle se concentre donc sur les finalités de la gestion de l'entreprise, sans qu'il y ait de contraintes réelles sur la distribution des dividendes et sur sa lucrativité, ni sur le fonctionnement interne de la société à travers sa gouvernance ou sa politique salariale. A l'inverse, si le modèle de l'entreprise sociale requiert également la recherche d'une utilité sociale, il limite le but lucratif de la société et s'intéresse aux modalités de sa gestion sur lesquelles les contraintes sont nombreuses[1], au profit d'une gouvernance démocratique et d'une gestion désintéressée. En effet, l'article 1er de la loi n° 2014-856 du 31 juillet 2014 relative à l'économie sociale et solidaire impose à toutes les structures de l'ESS : un but poursuivi autre que le seul partage des bénéfices ; des bénéfices majoritairement consacrés à l'objectif de maintien ou de développement de l'activité de l'entreprise ; des réserves obligatoires, impartageables et non distribuables ; des règles de gestion strictes qui limitent fortement la distribution des bénéfices de l'exercice[2]. A l'inverse des sociétés à mission, une gouvernance démocratique y est par ailleurs exigée,

---

[1]V. Entreprise à gestion désintéressée (livre blanc de la coalition générosité, accompagner la générosité des français, 2022, p.2).

[2]Notamment : en cas de liquidation, le « boni de liquidation » est redistribué à une entreprise de l'économie sociale et solidaire ; obligation de constituer un fonds de développement, réserve obligatoire impartageable ; prélèvement d'au moins 50% des bénéfices de l'exercice affecté à cette réserve ou au report à nouveau ; interdiction d'amortir le capital ou de le diminuer en l'absence de perte.

« définie et organisée par les statuts, prévoyant l'information et la participation, dont l'expression n'est pas seulement liée à leur apport en capital ou au montant de leur contribution financière, des associés, des salariés et des parties prenantes aux réalisations de l'entreprise »[1].

Si l'entreprise sociale est agréée ESUS, les contraintes sont encore accrues par la nécessité de prouver que la recherche d'utilité sociale a un impact sur le compte de résultat de l'entreprise avec au moins deux tiers des charges d'exploitation qui sont liées aux activités d'utilité sociale au cours des trois derniers exercices. Il lui est interdit de négocier les titres de capital de l'entreprise sur un marché financier et elle doit mener une politique de rémunération limitant les écarts de salaires dans l'entreprise[2].

Les différences importantes dans les critères d'acquisition de la qualité sont donc des facteurs de différenciation significatifs entre la société à mission et l'entreprise sociale, *a fortiori* lorsque cette dernière bénéficie de l'agrément ESUS. D'aucun ont parlé de différence entre a capitalisme et capitalisme responsable et durable[3], d'autres de coloration pour la société à mission et d'entité autonome pour l'ESS[4], quand les derniers parlent des sociétés à mission comme d'un statut hybride entre la société classique et l'entreprise de l'ESS[5]. Quelle que soit

---

[1] Loi n° 2014-856 du 31 juillet 2014, article 1er.

[2] Code du travail, article L.3332-17-1. La moyenne des sommes versées, y compris les primes, aux cinq salariés ou dirigeants les mieux payés ne doit pas excéder un plafond annuel fixé à sept fois le Smic ; la rémunération versée au salarié le mieux payé ne doit pas excéder un plafond annuel fixé à 10 fois le Smic.

[3]S. Grandvuillemin, *Entreprise à mission et entreprise sociale et solidaire : convergence des modèles ou nette différenciation des intérêts*?, Colloque L'entreprise à mission, Plateforme RSE, Paris.

[4] D. Hiez, *Loi Pacte, coopératives et économie sociale et solidaire*, RTDCom., 2019, p.929.

[5] K. Rasolonoromalaza, *La singularité de la société à mission : approche comparatiste*, Lexbase, n°L3415LQK, spéc. n°3.

l'analyse retenue, elle permet d'affirmer que les modèles ne se confondent pas et que chacun correspond à une ambition propre. Cela témoigne de la complémentarité des deux modèles parce que les entreprises peuvent prendre alternativement l'un ou l'autre des modèles selon le projet, voire cumuler les deux qualités pour étoffer un projet pleinement responsable.

B. Une complémentarité à perfectionner grâce à un enrichissement des modèles

Il convient d'adopter une démarche d'amélioration du système existant, non pas dans le sens d'une clarification ni d'une restructuration du paysage de personnes morales, mais dans le sens d'une amélioration des modèles, dans les ambitions qu'ils portent comme dans leur régime, chaque modèle pouvant questionner l'autre pour s'enrichir.

Ainsi, le modèle « à mission » pourrait inspirer du modèle « ESS ». L'utilité sociale exigée des entreprises sociales, qui n'envisage actuellement que la notion de « développement durable », pourrait s'enrichir d'une utilité environnementale élargie. Dans un contexte où le besoin du marketing de la société à mission attesterait d'un déficit d'image et d'attractivité, la prise en compte des enjeux environnementaux de manière plus large et affirmée favoriserait une redynamisation de l'ESS.

La pratique du contrôle externe pourrait être étendue aux entreprises sociales pour consolider les preuves à rapporter pour démontrer leur utilité sociale et la conformité de leur fonctionnement aux exigences légales. Actuellement, la société à mission doit rendre des comptes régulièrement sur les objectifs fixés statutairement grâce à un double contrôle, à la fois interne et externe, par un organisme tiers indépendant accrédité par la COFRAC, la société prenant le risque de perdre sa qualité de société à mission[1]. L'entreprise sociale quant à elle, doit simplement faire figurer les mentions de l'article 1er de la loi ESS dans ses statuts lors de son immatriculation, son utilité sociale se vérifiant au regard de la définition de l'objet de la société, ce qui exclut l'examen des pratiques de la société[2]. Bien sûr, une étude serait également opérée lors d'une demande d'agrément ESUS faite à la DREETS [3]. Par la suite, seule est prescrite une discussion en assemblée sur la conformité du fonctionnement de la société à un guide des bonnes pratiques, sans aucune sanction à la clef[4]. Un juge peut également être saisi, par la CRESS notamment, il a un pouvoir d'injonction à l'égard de la société immatriculée de se conformer aux exigences de l'ESS ou de supprimer la mention[5]. Toutefois, aucun véritable contrôle *a posteriori* régulier n'est prévu, à l'image de la révision coopérative par exemple, mais qui porterait sur les missions d'utilité sociale et sur le respect des conditions légales. Inversement, le modèle « ESS » pourrait inspirer le modèle « à mission ». Une piste envisageable consisterait à diffuser la RSE dans

[1]V. Sanction à l'article L.210-11 du code de commerce : « le ministère public ou toute personne intéressée peut saisir le président du tribunal statuant en référé aux fins d'enjoindre, le cas échéant sous astreinte, au représentant légal de la société de supprimer la mention " société à mission " de tous les actes, documents ou supports électroniques émanant de la société. ». Les enjeux en termes d'image ne sont pas négligeables. Et ne pourrait-on pas considérer qu'il y a concurrence déloyale par ailleurs ?

[2] Décret n°2015-858, du 13 juillet 2015, Article 3.

[3] L'agrément a en principe une durée de 5 ans. Toutefois, sa durée est limitée à deux ans pour les entreprises créées depuis moins de trois ans au moment de la demande d'agrément.

[4] V. loi n°2014-85 du 31 juillet 2014, article 3.

[5]Sur le fondement de l'article L.123-3 du code de commerce.V. D. Hiez, commentaire sous T.Com. Bobigny, ord. Réf. 11 avril 2023, RTDCom. 2023, p.397.

le fonctionnement interne des sociétés à mission[1] au profit d'une gouvernance améliorée. Ensuite, partant du constat que le statut ne s'adresse qu'aux sociétés et aux mutuelles, il serait opportun d'élargir le domaine des « personnes morales à mission » aux associations et aux fondations[2], de telles exclusions ne paraissant pas justifiées. Certaines associations comme la fédération française de rugby, y aspirent d'autant plus que les mutuelles bénéficient d'ores et déjà du modèle « à mission ». La liberté associative permet certes d'inscrire ces objectifs dans les statuts, mais l'encadrement législatif et les contrôles organisés pour les sociétés à mission engendrent une reconnaissance supérieure.

Dernier point, convient-il d'enrichir le régime de la société à mission de contreparties favorables à l'image de celles dont bénéficient les entreprises sociales ? Est-il préférable de conserver au profit de l'ESS le monopole des avantages ? Pour rappel, la société à mission ne bénéficie d'aucun avantage en contrepartie du « label »[3], alors que l'entreprise sociale, surtout si elle est agréée, bénéficie de financements spécifiques et d'avantages fiscaux[4]. Mais donner à une société à mission un cadre juridique et

---

[1] V. *Supra.*

[2] Voire même aux sociétés européennes. En ce sens, V. A. Reygrobelet, BJS, déc.2021, 1.

[3] On notera qu'elle peut encadrer des TIG (Loi n°2019-222 du 23 mars 2019).

[4]Sur le plan financier, l'agrément ESUS permet à ses bénéficiaires d'accéder à des aides financières et des financements spécifiques tels que l'épargne salariale solidaire, l'accession à des fonds spécifiques (de BPI France, de la Caisse des Dépôts et Consignations ainsi que des dispositifs FISO et PIA) ou à des Dispositifs Locaux d'Accompagnement (DLA). Pour les particuliers investissant en fonds propres dans ces structures, accès à des dispositifs de réduction d'impôt (dispositifs Madelin, IR-PME). L'agrément ESUS est de plus en plus utilisé, notamment par les collectivités territoriales, comme précondition à l'octroi de marchés publics ou de subventions.

fiscal identique aux entreprises sociales ne serait pas opportun puisqu'aucune condition n'est posée concernant la gouvernance et la gestion des sociétés à mission alors qu'elles conditionnent les avantages dont bénéficient les entreprises sociales et les justifient.

La démarche des sociétés à mission est beaucoup moins ambitieuse, la lucrativité des sociétés n'est pas affectée et la démarche d'intégration des enjeux sociaux et environnementaux est purement volontaire. Sans compter que s'il devait y avoir double emploi entre ESS et Mission, à la fois au niveau des contraintes et des avantages qui en résultent, leur coexistence n'aurait plus de sens. Tout au plus pourrait-on envisager selon certains auteurs des avantages fiscaux au profit des associés moyennant la conservation de leurs titres sur une longue durée[1].

En conclusion, société à mission et entreprises sociale, agréée ESUS ou non, sont deux modèles proches mais différents et complémentaires qui mériteraient d'être quelque peu améliorés pour être encore plus performants et attractifs. Ainsi, afin de conclure sur la question du périmètre de l'ESS, la création de la société à mission et sa proximité avec l'entreprise sociale n'engendre selon nous ni dilution/ni diffusion du modèle de l'ESS, ni effacement des frontières.

[1] 7 ans pour les titres associatifs, 5 ans pour la réduction fiscale IR-PME (Dispositif « Madelin »).

Fonds de dotation : Un outil de ou au service de l'ESS ?

par Colas Amblard,
Docteur en droit,
Avocat associé au Cabinet NPS consulting

Apparus après la promulgation de la loi n° 2014-856 du 31 juillet 2014 relative à l'économie sociale et solidaire, la question de l'appartenance des fonds de dotation à ce secteur économique particulier se pose naturellement. Elle est d'autant plus cruciale que l'apparition de cette nouvelle personne morale dans notre droit interne connaît un succès foudroyant avec plus de 4000 structures créées en moins de 15 ans, au point qu'il est possible d'avancer qu'elle constitue une véritable révolution dans le monde des institutions sans but lucratif. Dès lors, et au moment où il est question de réformer la loi relative à l'ESS, il convient de s'interroger sur le rapport qu'entretiennent actuellement les fonds de dotation avec cette « nouvelle » économie d'intérêt général et/ou d'utilité sociale.

La question de l'appartenance des FDD au secteur de l'ESS est complexe. Il convient d'appréhender sa définition légale et d'identifier son régime juridique (I) pour tenter de résoudre cette problématique juridique. En effet, si *a priori* cet organisme dédié à l'intérêt général n'entre pas dans le périmètre de l'ESS (II), rien ne l'empêche cependant. Tout dépendra de la volonté des fondateurs de respecter les critères légaux d'appartenance à ce secteur tels que définis par la loi n° 2014-856 du 31 juillet 2014 relative à l'ESS[1]. En tout état de cause, le FDD, à travers sa capacité à

[1]Loi n° 2014-856 du 31 juillet 2014, relative à l'économie sociale et solidaire : JO 1er août 2014, texte n° 2 ; JCP E 2014, act. 605, G. Notté.

mobiliser des ressources privées issues du mécénat, constitue un véritable outil au service de l'ESS (III).

I. Fonds de dotation : Définition et régime juridique applicable

Il convient de s'attarder sur la définition légale (A) et le régime juridique applicable au FDD (B) avant de confronter cet OSBL au périmètre des entreprises de l'ESS.

A. Définition

Directement inspiré du modèle anglo-saxon des « endowment funds », le FDD[1] a été introduit par l'article 140 de la loi n° 2008-776 du 4 août 2008 de modernisation de l'économie, dite LME[2], laquelle a été plusieurs fois modifiée et en dernier lieu par la loi n° 2021-1109 du 24 août 2021 confortant le respect des principes de la République[3].

Il se définit comme « une personne morale de droit privé à but non lucratif qui reçoit et gère, en les capitalisant, des biens et droits de toute nature qui lui sont apportés à titre gratuit et irrévocable et utilise les revenus de la capitalisation en vue de la réalisation d'une œuvre ou d'une mission d'intérêt général ou les redistribue pour assister une personne morale à but non lucratif dans l'accomplissement de ses œuvres et de ses missions d'intérêt général. Le fonds

---

[1] C. Amblard, *Fonds de dotation : une révolution dans le monde des institutions sans but lucratif*, Wolters Kluwer, coll. Axe Droit, 2e éd., 2015. – JCl. Sociétés Traité, fasc. 176-20.

[2] Loi n° 2008-776 du 4 août 2008 de modernisation de l'économie, dite LME : JO 5 août 2008, texte n° 1.

[3] Loi n° 2021-1109 du 24 août 2021 confortant le respect des principes de la République : JO 25 août 2021, texte n° 2.

de dotation est créé par une ou plusieurs personnes physiques ou morales pour une durée déterminée ou indéterminée »[1]. Par conséquent, la mission légale des FDD consiste prioritairement à « attirer les financements privés »[2] sous forme de libéralités (don et legs) afin de, soit financer des opérations d'intérêt général[3] qu'il réalise lui-même directement, soit financer des organismes à but non lucratif tels que les associations, congrégations, fondations, groupements mutualistes, ou encore les comités d'entreprise ou d'établissement. Dans le premier cas, il s'agira d'un fonds « opérateur » et, dans le second cas, d'un fonds « redistributeur », étant entendu qu'un même fonds peut statutairement prévoir d'exercer conjointement ces deux missions et, dans ce cas, on parlera d'un fonds « mixte. » En tout état de cause, pour pleinement réaliser ses missions légales, le FDD ainsi que les éventuels OSBL qui recevront des soutiens financiers de sa part devront remplir l'ensemble des critères requis pour bénéficier du régime de mécénat[4] à savoir, ne procéder à aucun partage de bénéfices entre leurs membres, exercer à titre principal une activité d'intérêt général[5], avoir une gestion désintéressée, poursuivre un but non lucratif et ne pas fonctionner au bénéfice d'un cercle restreint de membres[6]. Sous réserve de respecter ces conditions, les FDD ainsi que les mécènes bénéficieront d'un régime fiscal de faveur.

---

[1] Loi n° 2008-776 du 4 août 2008, art. 140, I.
[2] MINEFI, consultable à l'adresse suivante : http://www.modernisationeconomie.fr/presse/lme_disc081119.html.
[3] Code général des impôts, art. 200.
[4] Loi n° 2003-709 du 1er août 2003, relative au mécénat, aux associations et aux fondations : JO 2 août 2003, p. 13277.
[5] BOI-TVA-CHAMP-30-10-30-10, 11 mars 2020, § 50.
[6] Code général des impôts, art. 238 bis.

B. Législation applicable

Outre les dispositions légales précitées, le FDD est également régi par un certain nombre des dispositions réglementaires[1] dont la dernière en date est le décret n° 2022-816 du 22 mai 2022 pris en application de la loi 2021-1109 du 24 août 2021 précitée[2].

Un FDD est constitué par un ou plusieurs fondateurs, qui peu(ven)t être toute(s) personne(s) physique(s) ou morale(s) de droit privé (association, entreprise commerciale) ou public (État, collectivité territoriale, établissement public), dès lors que celle-ci dispose de la capacité d'effectuer une libéralité avec charge. S'agissant des collectivités territoriales ou des établissements publics, s'ils disposent bien de cette capacité, en revanche ils ne pourront apporter aucun fonds public sauf autorisation ministérielle exceptionnelle[3]. Le ou les fondateurs devront verser une dotation initiale d'au moins 15 000 € en numéraire au cours du premier exercice comptable[4]. Cette dotation minimale pourra, le cas échéant, être complétée par toutes formes de libéralités (biens corporels ou incorporels) apportées de manière gratuite et irrévocable (don ou legs).

---

[1]Décret n° 2009-158 du 11 févr. 2009 n° 2009-158, relatif aux fonds de dotation. – Circulaire n° ECEM0908677C, 19 mai 2009 relative à l'organisation, au fonctionnement et au contrôle des fonds de dotation : JO 19 juin 2009, p. 9992. – Circulaire n° IOC/D/10/02052/C, 22 janv. 2010. – Circulaire n° NOR/IOC/D/I0/31294/C, 3 déc. 2010 relative aux onze recommandations du comité stratégique. – Décret n° 2015-49 du 22 janv. 2015 relatif aux fonds de dotation : JO 24 janv. 2015 ; JCP A 2015, act. 91 ; Dr. sociétés 2015, form. 6, Y. Vincent.

[2]C. Amblard, *Evolution du dispositif et renforcement du contrôle administratif,* extrait du dossier Financement privé – opération mécénat : Juris associations Dalloz, 15 sept. 2022, n° 664, p. 19 à 24.

[3] Loi n° 2008-776, 4 août 2008, art. 140, III, al. 3. – C. comptes, 2e ch., 14 sept. 2015, n° 72674.

[4] Décret n° 2022-813 du 16 mai 2022, art. 4.

Le FDD est généralement présenté comme « un outil à mi-chemin entre fondation et association » dans la mesure où il « se crée comme une association et se finance comme une fondation »[1]. Il conviendra dès lors de déposer des statuts en préfecture, qui devront librement prévoir l'organisation et le fonctionnement du fonds[2]. Outre les éléments statutaires classiques (dénomination, objet, durée, siège, modalités de dissolution), les fondateurs devront en outre nommer au moins trois administrateurs au moment de la constitution du fonds, prévoir les conditions de désignation de son président, la composition et les modalités de fonctionnement de son comité consultatif, obligatoire lorsque les donations dépassent un million d'euros. Enfin, pour que la dotation soit consomptible – à défaut le fonds ne pourra utiliser que les fruits de la capitalisation – il faudra l'avoir expressément prévu dans les statuts. Sous ces réserves, la rédaction des statuts est libre et les fondateurs pourront se référer au clausier proposé par le comité stratégique des fonds de dotation[3]. La publication des statuts au Journal officiel a pour effet de conférer la capacité juridique aux fonds de dotation qui pourra alors ouvrir un compte bancaire et débuter sa mission d'intérêt général.

Par ailleurs, le FDD dispose d'une pleine capacité juridique pour développer des activités de vente de biens et/ou de prestation de services, comme moyens d'action supplémentaires. La réalisation à titre habituel de ce type d'activités complémentaires confèrera au fonds la qualité d'entreprise. Dès lors, il est conseillé au FDD de

[1] C. Bergeal, Conseiller d'État, directrice des affaires juridiques du ministère de l'Economie, des finances et de l'industrie, *N'ayez pas peur des fonds de dotation!*, Juris associations, 15 mars 2009, n° 395, p. 19.
[2] Circulaire n° ECEM0908677C, 19 mai 2009, art. I-2 et ann. 1.
[3] Circulaire n° NOR/IOC/D/I0/31294/C, 3 déc. 2010 relative aux onze recommandations du comité stratégique, préc.

mentionner expressément dans ses statuts la mise en œuvre de ces moyens d'action supplémentaires[1] afin de se prémunir contre toute action en concurrence déloyale[2].

A minima, le fonctionnement du fonds de dotation reposera donc sur un conseil d'administration qui dispose de tous les pouvoirs de gestion. Celui-ci nomme le président en qualité de représentant légal ainsi que les membres du comité consultatif, en tant que de besoin, qui sont des personnes extérieures au conseil d'administration et qui ont pour mission de formuler des propositions de politique d'investissement et d'en assurer le suivi ; ils peuvent également proposer des études et des expertises[3]. Par délégation, une partie de la gestion du fonds pourra être déléguée à un directeur général salarié.

À la dotation initiale, s'ajoutent les dons et les legs qui seront ultérieurement consentis au fonds en cours de vie (mécénat de flux). Le préfet ne dispose pas du pouvoir de s'opposer à l'intégration de ces libéralités[4]. Seul le lancement d'une campagne d'appel à la générosité du public oblige le fonds à déposer en préfecture une demande d'autorisation préalable[5]. C'est cet ensemble de moyens financiers (dotation initiale, mécénat de flux et revenus du patrimoine) qui devra servir à financer les missions d'intérêt général décrites dans l'objet social du fonds. Pour cela, il lui appartiendra notamment de faire fructifier la partie disponible de son patrimoine en respectant obligatoirement la règle de dispersion par catégories de placements et de limitation par émetteur. En outre, les actifs éligibles aux placements sont les valeurs mobilières et titres

---

[1]Code de commerce, art. L 442-7.

[2] Code civil, art 1240.

[3] Décret n° 2009-158 du 11 févr. 2009 relatif aux fonds de dotation, art. 2.

[4] Loi n° 2008-776 du 4 août 2008, art. 140, III, al. 1.

[5] Décret n° 2009-158 du 11 févr. 2009, art. 11.

assimilés, les actifs immobiliers ainsi que les prêts et dépôts énumérés à l'article R. 332-2 du Code des assurances.

Ces ressources du FDD pourront être complétées par les produits des activités autorisées par ses statuts et des rétributions pour services rendus et, éventuellement des appels à la générosité du public[1]. En revanche, il ne pourra percevoir ni cotisations, ni subventions publiques (sauf circonstances exceptionnelles pour une œuvre ou un programme d'actions déterminé compte tenu de son importance ou de sa particularité et après accord conjoint exprès des ministres chargés de l'économie et du budget)[2]. Pour cela, le FDD devra envisager sa transformation en fondation reconnue d'utilité publique[3].

Le FDD doit obligatoirement établir des comptes annuels conformes au règlement AN n° 2018-06 comprenant au moins un bilan et un compte de résultats ainsi qu'une annexe comportant un CER, s'il a collecté plus de 153 000 € de dons à la suite d'un appel à la générosité du public[4]. Au-delà de 10 000 € de ressources, le FDD doit nommer au moins un commissaire aux comptes et un suppléant s'il est une structure unipersonnelle. Les FDD effectuent leur mission légale de certification des comptes et de vérification de concordance avec le rapport d'activité conformément à l'article L. 820-1-1 du Code de commerce et ce, à partir des comptes annuels et du rapport d'activité qui doivent être leur être remis au moins 45 jours avant la date de réunion du conseil d'administration convoqué pour leur approbation. Au cours de sa mission, s'il constate des faits de nature à compromette l'activité du fonds, il peut

---

[1]Loi n° 2008-776 du 4 août 2008, art. 140, III, al. 5. – Décret n° 2009-158 du 11 févr. 2009, art. 6.

[2] Loi n° 2008-776 du 4 août 2008, art. 140, III, al. 3.

[3] V. n° 16 à 17. – L. n° 87-571, 23 juillet 1987 sur le développement du mécénat, art. 18 (modif.).

[4] Loi n° 2008-776 du 4 août 2008, art. 140, VI, al. 3.

déclencher une procédure d'alerte pouvant aller jusqu'à saisir le préfet pour information[1].

Dans les six mois de la clôture de l'exercice comptable, le fonds doit adresser au préfet les comptes annuels et, le cas échéant le rapport du commissaire aux comptes, ainsi que son rapport d'activité[2] comprenant le CER si nécessaire ; durant toute la vie du fonds, ce dernier peut se faire communiquer tous documents et procéder à toutes investigations utiles[3] et, s'il constate que des dysfonctionnements affectant la réalisation de l'objet statutaire du fonds[4] il peut, après mise en demeure non suivie d'effet dans les deux mois, suspendre l'activité du fonds pour une durée pouvant aller jusqu'à six mois, renouvelable une fois et, le cas échéant, saisir l'autorité judiciaire aux fins de dissolution. En matière de transparence financière, le décret n° 2022-813 du 16 mai 2022[5] est venu renforcer la transparence financière des fonds de dotation, notamment en ce qui concerne l'obligation de publication des comptes annuels et le contenu du rapport annuel d'activité.

Un fonds de dotation peut opérer sa transformation en une fondation reconnue d'utilité publique sans donner lieu à dissolution ou à la création d'une personne morale nouvelle[6]; la création d'un fonds pourra ainsi être envisagée

---

[1] *Ibid.*, art. 140, VI.

[2] Un modèle de rapport d'activité est disponible sur le portail MINEFI : www.economie.gouv.fr/daj/fonds-dotation.

[3] Loi n°2008-776 du 4 août 2008, art. 140, V bis et VI, al. 1. – Décret n° 2009-158 du 11 févr. 2009, art. 4, al. 1 et 8.

[4] Décret n° 2022-813 du 16 mai 2022 modifiant le décret n° 2009-158 du 11 février 2009 relatif aux fonds de dotation, art. 12.

[5] Décret n° 2022-813 du 16 mai 2022 modifiant le décret n° 2009-158 du 11 février 2009 relatif aux fonds de dotation : JO 17 mai 2022, texte n° 11 ; JCP N 2022, n° 21, act. 599.

[6] Loi n°2008-776 du 4 août 2008, art. 140, XI, al. 1 mod. par L. n° 2014-856 du 31 juillet 2014, art. 87.

comme préfiguration d'une future fondation. Cette transformation prendra effet après parution d'un décret en Conseil d'Etat accordant la reconnaissance d'utilité publique[1].

Les causes de la dissolution d'un fonds de dotation sont multiples : elle peut survenir à l'arrivée du terme lorsque le fonds est à durée déterminée ou lorsque son objet statutaire est réalisé ; par une décision volontaire de son conseil d'administration ou sur décision de justice. Quelle que soit la cause, la dissolution doit obligatoirement donner lieu à publication au journal officiel[2] et le boni de liquidation sera affecté soit à un autre fonds de dotation, soit à une fondation reconnue d'utilité publique[3].

Le régime fiscal applicable au FDD est globalement identique à celui des associations et autres organismes sans but lucratif[4], à savoir que pour préserver son statut de non-assujetti aux impôts commerciaux (impôt sur les sociétés, taxe sur la valeur ajoutée), il lui appartient de respecter les critères suivants : sa gestion doit être désintéressée, toute activité donnant lieu à rémunération doit être, soit non-concurrentielle, soit d'utilité sociale (critère du « produit » et du « public »). En outre, les prix pratiqués doivent être homologués par la puissance publique ou « nettement inférieurs au prix du marché », enfin, il devra éviter toute publicité commerciale en application de la règle des « 4P »[5]. En d'autres termes, comme les associations, un fonds de dotation peut réaliser des activités économiques

---

[1] Loi n°87-571 du 23 juillet 1987 sur le développement du mécénat, art. 20-2 et 20-3.

[2] Loi n° 2008-776 du 4 août 2008, art. 140, VIII, al. 1. Décret n° 2009-158 du 11 févr. 2009, art. 14.

[3] Loi n° 2008-776 du 4 août 2008, art. 140, VIII, al. 3.

[4] BOI-IS-CHAMP-10-50-30-50, 4 avr. 2018, § 50 et s.

[5] BOI-IS-CHAMP-10-50-10-20, 7 juin 2017.

d'utilité sociale[1] sans aucune limitation de chiffre d'affaires tout en préservant son statut d'organisme non soumis aux impôts commerciaux.

En outre, le fonds de dotation est en droit de développer des activités lucratives à titre habituel, soit à titre accessoire dans la limite de la franchise commerciale de 80 111 €[2] (pour 2025), soit à titre non prépondérant dans l'hypothèse de sectorisation comptable[3]. À cela, il faut encore ajouter la possibilité de développer des manifestations exceptionnelles dans la limite de six par an et l'ensemble des produits dégagés à cette occasion bénéficiera, sans aucune limite, d'une exonération liée[4].

S'agissant des libéralités reçues, ces dernières sont exonérées de droit de donation ou succession lorsqu'elles répondent aux conditions pour bénéficier du mécénat[5]. Les mécènes pourront quant à eux bénéficier de ce régime de réduction d'impôt sur le revenu pour les particuliers[6] et d'impôt sur les sociétés pour les entreprises[7]. S'agissant des revenus du patrimoine générés par les dotations, ils sont assujettis à l'impôt sur les sociétés au taux réduit[8], sauf si le fonds a statutairement opté pour une dotation non-

---

[1] C. Amblard, *Activité économique et commerciale des associations*, Lamy associations, étude 246.

[2] Actualité Bofip du 16 avr. 2025

[3] BOI-IS-CHAMP-10-50-20-10, 3 oct. 2018, § 120 et s.

[4] Code général des impôts, art. 261, 7, 1° c).

[5] Code général des impôts, CGI, art. 795, 14°.

[6] Soit 66 % de la valeur du don dans la limite de 20 % des revenus annuels (hors exception) ; ou 75 % dans une limite forfaitaire annuellement révisable pour certains organismes listés (CGI, art. 200, 1 ter).

[7] Soit 60% de la valeur du don – 40 % à partir de 2 millions d'euros – dans la limite de 0,5 % du chiffre d'affaires annuel hors taxe ou 20 000 € si cette limite est plus favorable (hors exception).

[8] Code général des impôts, art. 206-5.

consomptible auquel cas ces revenus seront placés hors champ d'application de cet impôt[1].

Le régime fiscal applicable au FDD est globalement identique à celui des associations et autres organismes sans but lucratif[2], à savoir que pour préserver son statut de non-assujetti aux impôts commerciaux (impôt sur les sociétés, taxe sur la valeur ajoutée), il lui appartient de respecter les critères suivants : sa gestion doit être désintéressée, toute activité donnant lieu à rémunération doit être, soit non-concurrentielle, soit d'utilité sociale (critère du « produit » et du « public »). En outre, les prix pratiqués doivent être homologués par la puissance publique ou « nettement inférieurs au prix du marché », enfin, il devra éviter toute publicité commerciale en application de la règle des « 4 P »[3]. En d'autres termes, comme les associations, un fonds de dotation peut réaliser des activités économiques d'utilité sociale[4] sans aucune limitation de chiffre d'affaires tout en préservant son statut d'organisme non soumis aux impôts commerciaux. En outre, le fonds de dotation est en droit de développer des activités lucratives à titre habituel, soit à titre accessoire dans la limite de la franchise commerciale de 80 111 €[5] (pour 2025), soit à titre non prépondérant dans l'hypothèse de sectorisation comptable[6]. À cela, il faut encore ajouter la possibilité de développer des manifestations exceptionnelles dans la limite de six par an et l'ensemble des produits dégagés à cette occasion bénéficiera, sans aucune limite, d'une exonération liée. S'agissant des libéralités reçues, ces dernières sont exonérées de droit de donation ou succession lorsqu'elles

---

[1] BOI-IS-CHAMP-10-50-10-40, 10 mars 2013, § 570.

[2] BOI-IS-CHAMP-10-50-30-50, 4 avr. 2018, § 50 et s.

[3] BOI-IS-CHAMP-10-50-10-20, 7 juin 2017.

[4] C. Amblard, *Activité économique et commerciale des associations*, Lamy associations, étude 246.

[5] Actualité Bofip du 16 avr. 2025.

[6] BOI-IS-CHAMP-10-50-20-10, 3 oct. 2018, § 120 et s.

répondent aux conditions pour bénéficier du mécénat[1]. Les mécènes pourront quant à eux bénéficier de ce régime de réduction d'impôt sur le revenu pour les particuliers[2] et d'impôt sur les sociétés pour les entreprises[3].

S'agissant des revenus du patrimoine générés par les dotations, ils sont assujettis à l'impôt sur les sociétés au taux réduit[4], sauf si le fonds a statutairement opté pour une dotation non-consomptible auquel cas ces revenus seront placés hors champ d'application de cet impôt[5].

II. Fonds de dotation : une entreprise de l'ESS ?

Attardons-nous sur le périmètre légal du secteur ESS (A) avant de s'interroger sur le FDD en qualité d'entreprise relevant de ce secteur (B).

A. Rappel du périmètre ESS

Pour mémoire, l'article 1, I et II de la loi n° 2014-856 du 31 juillet 2014 définit successivement deux approches du périmètre de l'ESS :

- Article 1, II : « il s'agit d'un mode d'entreprendre et de développement économique adapté à tous les domaines de l'activité humaine auquel adhèrent des personnes

---

[1] Code général des impôts, art. 795, 14°.

[2] Soit 66 % de la valeur du don dans la limite de 20 % des revenus annuels (hors exception) ; ou 75 % dans une limite forfaitaire annuellement révisable pour certains organismes listés (Code général des impôts, art. 200, 1 ter).

[3] Soit 60% de la valeur du don – 40 % à partir de 2 millions d'euros – dans la limite de 0,5 % du chiffre d'affaires annuel hors taxe ou 20 000 € si cette limite est plus favorable (hors exception).

[4] Code général des impôts, art. 206-5.

[5] BOI-IS-CHAMP-10-50-10-40, 10 mars 2013, § 570.

morales de droit privé qui remplissent les conditions cumulatives suivantes :

- Un but poursuivi autre que le seul partage des bénéfices ;
- Une gouvernance démocratique, définie et organisée par les statuts, prévoyant l'information et la participation, dont l'expression n'est pas seulement liée à leur apport en capital ou au montant de leur contribution financière, des associés, des salariés et des parties prenantes aux réalisations de l'entreprise ;
- Une gestion conforme aux principes suivants : les bénéfices sont majoritairement consacrés à l'objectif de maintien ou de développement de l'activité de l'entreprise et les réserves obligatoires constituées, impartageables, ne peuvent pas être distribuées ; en cas de liquidation ou, le cas échéant, en cas de dissolution, l'ensemble du boni de liquidation est dévolu soit à une autre entreprise de l'économie sociale et solidaire au sens du présent article, soit dans les conditions prévues par les dispositions législatives et réglementaires spéciales qui régissent la catégorie de personne morale de droit privé faisant l'objet de la liquidation ou de la dissolution.(…) » ;

▪ Article 1, II : « il s'agit de personnes morales de droit privé constituées sous la forme de coopératives, de mutuelles ou d'unions relevant du code de la mutualité ou de sociétés d'assurance mutuelles relevant du code des assurances, de fondations ou d'associations régies par la loi du 1er juillet 1901 relative au contrat d'association ou, le cas échéant, par le code civil local applicable aux départements du Bas-Rhin, du Haut-Rhin et de la Moselle exerçant des activités de production, de transformation, de distribution, d'échange et de consommation de biens ou de services mises en œuvre (…) ».

B. Spécificités rédhibitoires du fonds de dotation

Comme toute loi, celle du 31 juillet 2014 relative à l'ESS est d'interprétation stricte. Dès lors, si l'approche du FDD en qualité d'entreprise ne fait aucun doute lorsqu'il exerce des activités économiques voire même commerciales à titre habituel, comme moyens d'action complémentaires, ce type d'OSBL fait-il pour autant partie du périmètre des entreprises de l'ESS ?

En tout état de cause, le législateur n'a pas expressément prévu d'intégrer ce type d'OSBL dans la liste des entreprises de l'ESS en considération de leurs statuts[1], à l'instar des associations, des fondations, des mutuelles et des coopératives, Aussi, le FDD peut-il intégrer ce périmètre spécifique d'entreprise par un autre moyen ? A priori, rien ne semble l'en empêcher si les conditions posées à l'article 1, II de la loi n° 2014-856 du 31 juillet 2014 sont intégralement respectées, ce qui suppose que le fonds de dotation développe les spécificités suivantes :

- Il réalise des activités économiques d'utilité sociale ou des activités lucratives accessoires ;
- Il adopte un fonctionnement démocratique en intégrant toutes les parties prenantes à ses projets d'intérêt général.

L'une et l'autre de ces spécificités suppose un effort particulier de la part du fonds de dotation dans la mesure où d'une part, l'exercice de ce type d'activités ne relève pas *a priori* de la mission légale impartie à ce type de structure mais constitue un moyen d'action destiné à développer des ressources complémentaires au mécénat ; et d'autre part, il a été précisé dès son origine que dans cette structure le plus souvent unipersonnelle, le fondateur « peut être un dictateur » et qu' « il n'y a pas de membres, d'assemblée

---

[1]Loi n° 2014-856 du 31 juillet 2014, art. 1, II.

générale, de démocratie »[1], à la différence des fondations reconnues d'utilité publique dont l'indépendance vis-à-vis de son ou ses fondateurs[2] - qui ne peu.ven.t disposer que d'un tiers des voix au conseil d'administration[3]- et le fonctionnement démocratique, sont deux conditions *sine qua non* pour que le Gouvernement[4] autorise leur création. Pour apparaître au nombre des entreprises de l'ESS, le fonds de dotation devra par conséquent « forcer sa nature profonde » ce qui apparaît parfaitement possible au regard de la liberté statutaire dont il jouit, et de la capacité juridique dont il dispose pour diversifier ses ressources privées. Dès lors, outre la satisfaction d'appartenir à cette économie « plus vertueuse » et de « grossir les rangs » des entités se réclamant des valeurs de l'ESS[5], l'entrée des fonds de dotation dans le périmètre de la loi n°2014-856 du 31 juillet 2014 devrait leur permettre de bénéficier des avantages attachés à ce secteur à savoir, la possibilité de bénéficier de prêts solidaires, de crédits spécialisés ou encore de prêts d'honneur, etc.

---

[1] Sur ce point, les déclarations faites lors du séminaire pour le développement des fonds de dotation en France, en date du 19 novembre 2008, apparaissent pour le moins contradictoires dans la mesure où Madame Christine Lagarde indique que « un fond de dotation se crée comme une association » tandis que Catherine Bergeal précise que le fonds de dotation peut être créé par « une assemblée de (…) différentes personnes » notamment un « regroupement d'associations pour créer entre elles un projet commun ».

[2] Avis CE sect. intérieur 25 oct. 2011 n°385388. – CE, 2 juin 2012 n°396331. – CE, 12 nov. 2019 n°398776. – CE, 13 oct. 2020 n°400944.

[3] Statuts-types I, note 11. – CE, Avis, sect. Intérieur, 16 mai 2017 n°393189.

[4] Principe général posé par CE, 20 mars 1908, D. 1909, III, p. 97, concl. Tardieu.

[5] Fondation de France, Baromètre annuel de la philanthropie, 2022 : Créée en 2008, les fonds de dotations, eux, ont connu une très forte croissance les faisant passer de 0 en 2008 à 2163 en 2021.

III. Fonds de dotation : un outil au service de l'ESS

Pour les entreprises de l'ESS qui seraient éligibles au dispositif de mécénat, le FDD peut constituer un outil de financement complémentaire extrêmement performant. Néanmoins, l'articulation entre l'entrepreneuriat d'utilité sociale et d'intérêt général (A) demeure relativement complexe et par conséquent souvent mal maîtrisée par l'ensemble des parties prenantes, ce qui oblige à être extrêmement vigilant dans l'articulation d'un FDD avec les entreprises de l'ESS (B) souhaitant s'inscrire dans ce schéma de financement.

A. Articulation intérêt général/utilité sociale

Souvent mal maîtrisée, l'articulation de ces deux concepts permet d'optimiser les modèles socio-économiques des entreprises de l'ESS, et en particulier des entreprises associatives[1] qui pourront ainsi trouver un intérêt direct dans la création d'un FDD. Cette démarche nécessite en premier lieu de connaître très exactement le régime fiscal de l'entreprise ESS bénéficiaire. Si les entreprises de l'ESS peuvent adjoindre dans leur organisation générale un FDD dans le but de recevoir des financements sous forme de mécénat, il conviendra de conserver leur statut fiscal d'OSBL, d'exercer une voire plusieurs activités d'intérêt général[2].

De facto, parmi les entreprises de l'ESS, cela exclut les coopératives qualifiées d'organismes à lucrativité limitée[3], y compris les SCIC.[4] Pour celles qui seront en droit de

[1] C. Amblard, *La gouvernance des entreprises associatives* – administration : Juris associations, Dalloz, Hors-Série, août 2019.

[2] Code général des impôts, art. 200 et 238 bis.

[3] Loi n° 2008-776, 4 août 2008, art. 140.

[4] BOI-RES-BIC-000076, 17 févr. 2021.

revendiquer ce statut d'OSBL, il conviendra de réaliser des activités économiques d'utilité sociale (sans limitation de chiffre d'affaires)[1] et/ou limiter la réalisation d'activités commerciales accessoires au seuil de franchise commerciale (soit 80 011 € par année civile pour 2025)[2] et/ou en cas de dépassement de ce seuil, sectoriser leurs activités lucratives qui devront, en tout état de cause conserver un caractère non-prépondérant[3], ou filialiser les mêmes activités avant même qu'elles deviennent prépondérantes.[4]

Sous ces réserves, l'entreprise de l'ESS pourra être directement bénéficiaire des financements sous forme de mécénat en provenance de son propre FDD et les mécènes seront en droit de bénéficier des réductions d'impôt sur le revenu ou d'impôt sur les sociétés, soit :

-66% de la valeur du don effectué par un particulier dans la limite de 20% de ses revenus annuels ;

-60 % de la valeur du don effectué par une entreprise (40 % sur la fraction supérieure à 2 millions d'euros des dons) dans la limite de 0,5 % du chiffre d'affaires hors taxe annuel ou du seuil alternatif de 20 000 euros[5] depuis le 31 décembre 2020[6].

Les entreprises de l'ESS qui ne peuvent revendiquer le statut fiscal d'OSBL ou celles à lucrativité limitée peuvent néanmoins être à l'origine de la création d'un FDD opérationnel, c'est-à-dire qui se finance et réalise par lui-même des activités d'intérêt général. Dans une telle situation, l'entreprise ESS peut seulement participer à la

---

[1] BOI-IS-CHAMP-10-50-10-20 du 07 juin 2017, § 520 et s.

[2] BOI-IS-CHAMP-10-50-20-20, 23 mars 2022, § 1, dernier al ; Code général des impôts, art. 206, 1 bis.

[3] BOI-IS-CHAMP-10-50-20-10, 3 oct. 2018, § 120 et s.

[4] BOI-IS-CHAMP-10-50-20-10, 3 oct. 2018, § 560 et s.

[5] Code général des impôts, art. 238 bis, 3°.

[6] Loi de finances n° 2019-1479 du 28 déc. 2019, de finances pour 2020, art. 134.

gouvernance et au financement du FDD en qualité de mécène, bénéficier des réductions d'impôt.

B. Outil complémentaire au service des entreprises ESS

Par conséquent, recourir à un FDD lorsque l'on est une entreprise de l'ESS présente de nombreux intérêts. Outre, ceux d'ores et déjà évoqués, ils peuvent être les suivants :

- Le FDD peut servir à sanctuariser le patrimoine immobilier d'une entreprise de l'ESS : sous réserve de l'abus de droit,[1] un immeuble de rapport peut être apporté à un fonds de dotation non consomptible ce qui a pour effet d'exonérer les revenus générés de l'impôt sur les sociétés au taux réduit[2];
- Le FDD peut servir d'outil de mutualisation entre plusieurs entreprises de l'ESS dans un cadre de philanthropie pour financer des activités d'intérêt général organisées dans un but commun ;
- Le FDD peut être utilisé à des fins de communication en direction du grand public en vue de développer des activités de plaidoyer politique, sous réserve de respecter le régime de contreparties autorisées dans le cadre du régime de mécénat[3] ;
- Le FDD constitue également un outil de management des salariés des entreprises de l'ESS par l'usage de la technique du mécénat de compétences[4] qui peut avoir pour effet d'améliorer la cohésion sociale interne ;

---

[1] Loi de finances n° 2019-1479 du 28 déc. 2019, de finances pour 2020, art. L. 64.

[2] Code général des impôts, art. 206-5.

[3] BOI-BIC-RICI-20-30-10-20, 8 juin 2022, § 120 et s.

[4] BOI-BIC-RICI-20-30-10-20, 7 août 2019, § 5. – V. égal. BOI-4C-5-04, 13 juill. 2004, § 50.

- Le FDD peut servir à améliorer la notion sociale des entreprises de l'ESS (RSE) pour faciliter leur accès à la commande publique[1].

En conclusion, il apparaît qu'en l'état actuel de la loi n° 2014-856 du 31 juillet 2014 l'appartenance des fonds de dotation au secteur de l'ESS, même si elle est toujours possible, ne va pas de soi. Cette question pourrait par conséquent être abordée au moment où il est question de réformer ce dispositif légal dont la vocation est de faire émerger une économie au service des personnes et de créer un socle juridique commun à toutes les entreprises qui cherchent à concilier solidarité, performances économiques et utilité sociale. Mais, d'ores et déjà, les fonds de dotation constituent pour ces entreprises un outil incontournable dans leur recherche de moyens de financement complémentaires mais également pour affirmer leur responsabilité territoriale.[2]

---

[1] Code de la commande publique, art. L. 2113-15 à L. 2113-16.

[2] C. Amblard, *L'utilité sociale : « Elément pivot de la responsabilité territoriale des entreprises de l'ESS »*, Juris associations Dalloz, 1er mars 2023, n°674, p.36-39.

La SCIC : nouvelle forme possible de société sportive

par Bastien Brignon
Maître de conférences- HDR
Université Aix-Marseille
Membre du Centre de droit économique
(UR 4224)
Membre de l'Institut de droit des affaires
Avocat au barreau d'Aix-en-Provence

Les clubs sportifs sont traditionnellement constitués sous forme d'association, conformément à la loi du 1er juillet 1901. Toutefois, lorsque l'association sportive dépasse certains seuils, elle a alors l'obligation de créer une société commerciale destinée à la gestion professionnelle du club. Plus exactement, seules les associations affiliées à une fédération sportive dépassant des seuils ont le devoir de constituer une société sportive[1] et ce, dans le délai d'un an suivant le moment du franchissement des seuils.

Ainsi, l'obligation faite à l'association affiliée à une fédération sportive de constituer une société sportive dépend des recettes qu'elle tire de sa participation à l'organisation de manifestations sportives payantes mais aussi des rémunérations qu'elle verse aux sportifs qu'elle emploie. Les montants des recettes ou des rémunérations au-delà desquels l'association est tenue de constituer une société sportive sont respectivement de 1 200 000 € et 800 000 €. Sont prises en compte, pour déterminer si ces montants sont atteints, les moyennes des recettes perçues et des rémunérations versées au cours des trois derniers

[1] Code du sport, art. L. 122-1.

exercices connus, telles que ces recettes et ces rémunérations résultent des documents comptables de l'association sportive. Ces seuils sont alternatifs[1]. L'article R. 122-2 du Code du sport précise que les recettes comprennent le montant hors taxe de l'ensemble des produits des manifestations payantes organisées par l'association, et notamment le montant des entrées payées, sous quelque forme que ce soit, pour avoir accès à ces manifestations, le montant des recettes publicitaires de toute nature, le produit des droits d'exploitation audiovisuelle versés à l'association, y compris celui des droits de reproduction. Le montant des rémunérations est quant à lui constitué par l'ensemble des salaires, primes, vacations, avantages en espèces ou en nature, habituels ou exceptionnels, reçus par les sportifs employés par l'association. Il ne comprend pas les charges fiscales et sociales afférentes à ces rémunérations. Dès lors que l'un des deux seuils précités est dépassé, l'association sportive est tenue de constituer dans un délai de douze mois, une société sportive. À défaut, elle est exclue des compétitions organisées par les fédérations sportives[2].

Quelles sont les formes sociales que les associations peuvent et doivent constituer ? La loi n°75-988 du 29 octobre 1975, tout d'abord, précisait que le ministre chargé des Sports pouvait autoriser les groupements sportifs employant des athlètes ou des joueurs professionnels à prendre le statut de SAEMSL[3]. Ensuite, la grande loi sur le sport n° 84-610, du 16 juillet 1984, relative à l'organisation et à la promotion des activités physiques et sportives, a

---

[1] Voir C. Gerschel, L'*évolution inachevée du statut juridique des groupements sportifs professionnels au lendemain de la loi n° 99-1124 du 28 décembre 1999*, D. aff. 2000, chron. p. 387 ; V. Thomas, L'évolution *du statut des clubs sportifs professionnels : de l'association sportive au groupe sportif*, BJS, juill. 2002, n° 171, p. 755.

[2] Code du sport, art. L. 122-4, al. 2.

[3] SAEMSL : société anonyme d'économie mixte sportive locale.

obligé les clubs, employant des sportifs contre des rémunérations et participant habituellement à des manifestations sportives payantes, à constituer des SAEMSL ou SAOS[1] dès lors que les émoluments versés et les recettes perçues excédaient des seuils définis par décret. Face à une opposition quasi générale des clubs sous forme associative à l'obligation de créer une société sportive, la loi n° 87-979, du 7 décembre 1987, modifiant la loi n° 84-610, du 16 juillet 1984, leur a permis de recourir à une association de la loi du 1er juillet 1901 « à obligations renforcées »[2], en plus des SAOS et SAEMSL. Néanmoins, la loi n° 92-652, du 13 juillet 1992, modifiant la loi n°84-610, du 16 juillet 1984, est revenue sur cette concession accordée aux groupements sportifs en rendant plus difficile leur maintien sous la forme associative. Selon ce texte, la constatation de deux déficits consécutifs obligeait les clubs à abandonner le statut d'association au profit de celui d'une des sociétés sportives. Enfin, la loi n° 99-1124 du 28 décembre 1999, portant diverses mesures relatives à l'organisation d'activités physiques et sportives, opère trois réformes : la suppression définitive de l'association à obligations renforcées ; l'interdiction de constituer des SAEMSL à compter de son entrée en vigueur, tout en permettant à celles existantes à cette date de conserver leur statut ; la création de deux nouvelles entités, l'EUSRL[3] et la SASP[4].

---

[1] SAOS : société anonyme à objet sportif.

[2] L'association « à obligations renforcées » était soumise à la loi du 1er juillet 1901, mais supportait également des obligations supplémentaires (obligations comptables, nomination d'un commissaire aux comptes...) et surtout un contrôle accru émanant de la fédération à laquelle elle était affiliée et du ministère de la Jeunesse et des Sports ; Dict. perm. Droit du sport, Clubs professionnels (statut juridique), 2000, nos 71 et s.

[3] EUSRL : l'entreprise unipersonnelle sportive à responsabilité limitée.

[4] SASP : la société anonyme sportive professionnelle.

Les modifications législatives intervenues entre 1999 et 2011 ont eu pour principal objet de permettre d'augmenter l'attractivité des sociétés sportives pour les investisseurs. On peut ainsi noter que la loi n° 2004-1366 du 15 décembre 2004, portant diverses dispositions relatives au sport professionnel, est venue modifier en profondeur la prohibition relative à la multipropriété des parts ou d'actions des sociétés sportives de même spécialité en y substituant une simple prohibition des multi-contrôles, tandis que l'article 68 de la loi n° 2006-1770 du 30 décembre 2006, pour le développement de la participation et de l'actionnariat salarié et portant diverses dispositions d'ordre économique et social, est venue autoriser les sociétés sportives à placer dans le public leurs titres financiers.

Cette libéralisation initiée en 1999 trouve son aboutissement dans la loi n° 2012-158 du 1er février 2012, dite loi Ethique ou Colin, qui permet aux associations sportives dépassant certains seuils de créer des sociétés « de droit commun » (SA, SAS ou SARL) tout en maintenant la possibilité de constituer les sociétés spéciales précitées[1]. Pour autant, cette loi n'a pas totalement libéralisé le droit des sociétés sportives et est même venue renforcer d'une part, le régime d'interdiction des multi-influences et d'autre part, le pouvoir des fédérations sur les sociétés sportives participant aux compétitions qu'elles organisent. Les législations ultérieures poursuivent le même objectif.

---

[1]Pour la saison 2019-2020, les sociétés sportives à statut spécial restent majoritaires au sein des cinq ligues professionnelles « majeures » (Basket-ball, Handball, Football, Rugby et Volley-ball). Sur 123 associations ayant constitué une société sportive (49 clubs sont toujours seulement en association), 2 ont choisi la forme de l'EURSL, 7 celle de SAEMSL, 2 celle de la SAOS, 81 celle de la SASP, 9 de la SA, 20 de la SAS (dont cinq sont unipersonnelles), 2 de la SA de droit monégasque, Code du sport, Dalloz, obs. *in*, Chap. II, Sociétés sportives.

« Libérer » l'investissement dans les sociétés sportives sans perturber les « équilibres sportifs » et notamment le principe de solidarité entre la société sportive et son association support. Postérieurement à la loi de 2012, ont été adoptées la loi n° 2017-261 du 1er mars 2017 visant à préserver l'éthique du sport, à renforcer la régulation et la transparence du sport professionnel et à améliorer la compétitivité des clubs, et, plus récemment, la loi n° 2022-296 du 2 mars 2022 visant à démocratiser le sport en France. La première, dite « seconde loi Ethique », a pour but de mieux contrôler les flux financiers du sport professionnel, d'améliorer la compétitivité des clubs professionnels et la professionnalisation de leurs acteurs et promeut le sport féminin, notamment. La seconde introduit, entre autres, une nouvelle forme pour les sociétés sportives, à savoir la société coopérative d'intérêt collectif dite « SCIC ».

L'association qui doit créer une société sportive a donc aujourd'hui le choix entre les formes sociétaires dites à « statuts types », les formes de droit commun, et, depuis peu, la SCIC. Ainsi, depuis la loi n° 2012-158 du 1er février 2012, ladite association peut choisir de constituer une SA, une SARL ou une SAS ou préférer une société sportive à forme spéciale et opter pour : une EUSRL, une SAOS ou une SASP. Et depuis la loi du 2 mars 2022, les clubs peuvent opter pour la SCIC[1]. On notera, pour information, que la loi n° 99-1124 du 28 décembre 1999 est venue supprimer la possibilité de créer des SEMSL[2]. La même loi précisait cependant que les SEMSL constituées avant la loi du 28 décembre 1999 pouvaient conserver leur régime

---

[1] J.-M. Marmayou, *Loi visant à démocratiser le sport en France : Les sociétés sportives peuvent se constituer en SCIC : une autorisation explicite de la loi nouvelle qui consacre une autorisation implicite de la loi ancienne*, Cah. dr. sport, n° 60, 2022, p. 37.

[2] SEMSL : société d'économie mixte sportive locale.

juridique antérieur. Le Code du sport prévoit cependant, en son article L. 122-12, que ces SEMSL constituées avant le 29 décembre 1999, peuvent conserver leur régime juridique antérieur. Les dispositions des articles L. 122-3, L. 122-5, L. 122-10 et L. 122-11 leur sont applicables. Par ailleurs, l'article L. 122-13 du Code du sport précise que « les règles de participation majoritaire des collectivités territoriales et de leurs groupements au capital des sociétés d'économie mixte sportives sont fixées par les articles L. 1522-1 et L. 1525-1 du Code général des collectivités territoriales ». Les SEMSL ne pouvant plus être constituées, nous ne les étudierons pas plus avant. La dernière-née des sociétés sportives est par conséquent la SCIC. Cette société, avant toute coopérative, est-elle adaptée au monde sportif ? C'est la question à laquelle il faut répondre (II) après avoir rappelé les principales caractéristiques de la SCIC (I).

I. Les caractéristiques de la société coopérative d'intérêt collectif

La SCIC[1] est une société très particulière compte tenu de son caractère hybride : à la fois coopérative et commerciale. Elle peut ainsi être assez intéressante dans le sport puisqu'elle est une coopérative mais en même temps commerciale(A). Elle est régie par les articles 19 quinquies à 19 sexdecies A de la loi n° 47-1775 du 10 septembre 1947 portant statut de la coopération en ce qui concerne les associés (B), leur rémunération, la distribution des dividendes (C). La qualification de société sportive n'est

[1]J.-M. Marmayou, *Loi visant à démocratiser le sport en France : Les sociétés sportives peuvent se constituer en SCIC : une autorisation explicite de la loi nouvelle qui consacre une autorisation implicite de la loi ancienne*, Cah. dr. sport n° 60, 2022, p. 37 ; R. Vincent, *La société coopérative d'intérêt collectif dans le sport, une fausse bonne idée ?*, LPA 21 oct. 2020, n° 156d2, p. 10.

pas fondée sur des critères strictement définis par les textes (D) mais cette qualification n'empêche pas que la société sportive soit une société à mission (E).

A. Formes et objet de la SCIC

Selon l'article 19 quinquies de la loi de 1947 : « Les sociétés coopératives d'intérêt collectif sont des sociétés anonymes, des sociétés par actions simplifiées ou des sociétés à responsabilité limitée à capital variable régies, sous réserve des dispositions de la présente loi, par le code de commerce. Elles ont pour objet la production ou la fourniture de biens et de services d'intérêt collectif, qui présentent un caractère d'utilité sociale. Ces biens et services peuvent notamment être fournis dans le cadre de projets de solidarité internationale et d'aide au développement ». Ainsi, les SCIC doivent opter pour la forme SARL, SA et SAS. Il faut noter que même lorsqu'elles optent pour une forme de société par actions, leur capital social reste composé de parts sociales (sauf sans doute pour la fiscalité applicable aux droits de mutation). Surtout, il est nécessaire de mettre en exergue l'intérêt collectif et l'utilité sociale.

B. Associés de la SCIC

La société coopérative d'intérêt collectif comprend au moins trois catégories d'associés, parmi lesquelles figurent obligatoirement les personnes qui bénéficient habituellement, à titre gratuit ou onéreux, des activités de la coopérative et les salariés ou, en l'absence de personnes salariées au sein de la société, les producteurs de biens ou de services de la coopérative. Les statuts déterminent les conditions d'acquisition et de perte de la qualité d'associé par exclusion ou par radiation, ainsi que les conditions dans lesquelles les salariés peuvent être tenus de demander leur admission en qualité d'associés. Les collectivités territoriales, leurs groupements et les établissements publics territoriaux peuvent détenir ensemble jusqu'à 50 % du capital de chacune des sociétés coopératives d'intérêt collectif. La loi n° 2022-217 du 21 février 2022 ajoute qu'ils peuvent, en leur qualité d'associés, prendre part aux modifications de capital ou allouer des avances en compte courant d'associés aux sociétés coopératives d'intérêt collectif dans les conditions définies à l'article L.1522-5 du code général des collectivités territoriales. L'incorporation de ces avances au capital de ces sociétés, de même que la participation des collectivités territoriales et de leurs groupements aux modifications affectant le capital desdites sociétés, sont réalisées dans le respect du plafond mentionné au présent alinéa.

On retiendra donc que dans la SCIC, il y a au moins trois catégories d'associés, dont obligatoirement celle des salariés, et que les collectivités publiques peuvent être associées[1]. On retiendra aussi que la loi n°2022-217 du 21 février 2022 favorise la participation au capital des SCIC. En outre, conformément aux principes de la coopérative, chaque associé dispose d'une voix à l'assemblée générale ou, s'il y a lieu, dans le collège auquel il appartient. En effet, sans que cela soit une obligation, les statuts peuvent prévoir que les associés sont répartis en fonction de leur participation à l'activité de la coopérative ou de leur contribution à son développement, en trois ou plusieurs collèges. Dès lors, chaque collège dispose d'un nombre égal de voix à l'assemblée générale, à moins que les statuts n'en

[1]Dans le même sens, les collectivités territoriales (et leurs groupements, ajoute la loi du 21 février 2022), peuvent accorder des subventions aux sociétés coopératives d'intérêt collectif en vue de participer à leur développement dans des conditions fixées par décret en Conseil d'Etat.

disposent autrement. Dans ce cas, les statuts déterminent la répartition des associés dans chacun des collèges et le nombre de voix dont disposent les collèges au sein de cette assemblée, sans toutefois qu'un collège puisse détenir à lui seul plus de 50 % du total des droits de vote ou que sa part dans le total des droits de vote puisse être inférieure à 10 % de ce total et sans que, dans ces conditions, l'apport en capital constitue un critère de pondération. Les statuts peuvent prévoir que le quorum nécessaire pour que les assemblées délibèrent valablement est déterminé en fonction du nombre d'associés présents ou représentés.

C. Rémunération des associés et distribution des bénéfices

La SCIC est une société coopérative, donc a-capitalistique.

L'article 19 nonies de la loi du 10 septembre 1947 autorise néanmoins, conformément aux principes coopératifs, une rémunération encadrée et limitée des parts sociales (un intérêt dont le taux est au plus égal au taux moyen de rendement des obligations privées, publié tous les six mois par le ministère de l'économie et des finances). Dans le calcul de cet intérêt versé aux parts, qu'il s'agisse de parts sociales, de parts à avantages particuliers ou à intérêt prioritaire, on ne peut prendre en compte les subventions, encouragements et autres moyens financiers versés à la société.

Le Taux moyen de rendement des obligations des sociétés privées[1] est le taux moyen de rendement des obligations des sociétés privées émises au cours du semestre précédent. L'article 14 de la loi n°47-1775 du 10

---

[1]Le Taux moyen de rendement des obligations des sociétés privées dit « TMO ».

septembre 1947 dispose qu'il constitue le taux plafond pour l'intérêt servi par les coopératives à leur capital. Il est également le taux minimum de rémunération des accords de participation. L'accord détermine l'affectation des sommes issues de la participation. Surtout et plus précisément, selon cet article 14 précité de la loi de 1947, tel que modifié par la loi n°2016-1691 du 9 décembre 2016[1], « Les coopératives ne peuvent servir à leur capital qu'un intérêt, déterminé par l'assemblée générale dans les conditions fixées par les statuts, dont le taux est au plus égal à la moyenne, sur les trois années civiles précédant la date de l'assemblée générale, du taux moyen de rendement des obligations des sociétés privées, majorée de deux points. Ce taux est publié par le ministre chargé de l'économie dans des conditions fixées par décret ».

Cet article étant applicable aux SCIC (car aucune exclusion n'est prévue), la rémunération des parts sociales se déterminent ainsi : TMO+2. Par ailleurs, d'autres dispositifs de rémunération des membres prévus par la loi n°47-1775 du 10 septembre 1947, ne sont pas applicables aux SCIC :

- la ristourne prévue par l'article 15 de cette même loi (répartition des gains entre les associés) ;
- les 3° et 4° alinéas de son article 16 (incorporation au capital de sommes prélevées sur les réserves et, en conséquence, relèvement de la valeur des parts sociales ou distribution de parts gratuites) ;
- le second alinéa de son article 18 (associé ayant cinq ans d'ancienneté révolus pouvant bénéficier d'une part de la réserve constituée à cet effet).

Outre les intérêts servis aux parts sociales, l'avance en compte courant d'associé est possible. Pareille avance se voit appliquer, s'agissant des SCIC, le droit commun sauf à ce qu'elle ambitionne d'obtenir l'agrément ESUS. Ainsi, la

[1] Loi n°2016-1691 du 9 décembre 2016, art. 113.

créance en compte courant génère des intérêts garantis chaque année et qui ne sont pas limités à un taux au plus égal à la moyenne, sur les trois années civiles, du taux moyen de rendement des obligations des sociétés privées, majorée de deux points[1]. Étant précisés que ces derniers sont appréhendés sur le plan fiscal comme une charge déductible dans la limite de la moyenne des taux effectifs moyens pratiqués par les établissements bancaires de crédit pour les prêts à taux variable aux entreprises d'une durée initiale supérieure à deux ans. Au-delà, ils subiront une réintégration fiscale. À noter, cette déductibilité nécessite que le capital social soit intégralement libéré.

On notera que depuis la loi n°2022-217 du 21 février 2022, les collectivités territoriales, leurs groupements et les établissements publics territoriaux peuvent allouer des avances en compte courant d'associés. On peut encore penser aux titres participatifs régis par les articles L. 228-36 et L. 228-37 du code de commerce. Ils ne sont mobilisables qu'avec une forme SA ou SARL. Ces titres sont négociables et leur émission est donc soumise aux exigences classiques d'information préalable sur le contenu et les modalités de l'opération. Ils offrent des droits financiers consistant en une rémunération du titre comportant une partie fixe et une partie variable sans toutefois qu'elle puisse excéder 40% de la valeur du titre. Par ailleurs, les porteurs de titres participatifs n'ont pas de droits politiques, car ils ne sont pas associés : ils participent à l'assemblée générale par l'intermédiaire du « représentant de la masse ». Il faut préciser que seule la forme de SA autorise l'offre de titres au public. Les titres participatifs présentent des avantages et constituent une innovation importante en matière coopérative. La clarification récente de l'administration fiscale quant à l'application du régime IR-PME (Madelin) aux titres participatifs encourage ce

[1] 2.35% en 2021.

type de dispositif. Toutefois, les titres participatifs ne présentent pas que des avantages, si bien qu'ils ne doivent pas eux seuls remettre en cause un projet de transformation d'une union de caves coopératives en SCIC SAS.

S'agissant des réserves, comme toute société, la SCIC peut et même doit constituer un certain niveau de réserves, légale et statutaire. La particularité en l'occurrence est que la SCIC doit affecter au moins 57,5% des excédents d'exploitation à des réserves impartageables (50% si les diverses réserves totalisées ont déjà atteint le montant du capital social). Comment obtient-on ce pourcentage ? Selon l'article 16 alinéa 2 de la loi 1947 « Sauf dispositions contraires d'une législation particulière, tant que les diverses réserves totalisées n'atteignent pas le montant du capital social, le prélèvement opéré à leur profit ne peut être inférieur aux trois vingtièmes des excédents d'exploitation », ce qui représente 15%. Au titre de la réserve légale, la dotation doit être réalisée à hauteur de 15% des excédents d'exploitation (tant que les diverses réserves totalisées n'atteignent pas le montant du capital social). Au titre, ensuite, de la réserve statutaire, l'article 19 nonies de la loi de 1947 précise que « Les statuts déterminent la dotation annuelle à une réserve statutaire. Celle-ci ne peut être inférieure à 50 % des sommes disponibles après dotation aux réserves légales en application de l'article 16 », de sorte qu'après imputation de la réserve légale, au moins 50 % doit être affecté à une réserve statutaire pour fonds de développement, soit (100%-15%)*50%=42,5% des excédents d'exploitation. Par conséquent, 57,5 % des excédents d'exploitation doivent être affectés à des réserves impartageables.

Or, conformément à l'article 209 alinéa VIII du CGI, dans les SCIC, la part des excédents mis en réserves impartageables est déductible de l'assiette de l'impôt sur les sociétés. Il s'ensuit que le solde – maximum 42,5% des excédents d'exploitation – peut être en partie affecté à la rémunération des parts sociales après déduction des éventuelles aides publiques qui doivent être affectées aux réserves impartageables. Les sommes affectées aux réserves impartageables étant déductibles de l'impôt sur les sociétés, la SCIC a la possibilité de doter les réserves au-delà des 57,5% des excédents d'exploitation et ce, jusqu'à 100%. En pratique, cette décision peut être actée *ab initio* dans les statuts ou être prise chaque année par une décision de l'AGO. Opter pour une mise en réserve de 100% des excédents d'exploitation a pour effet de permettre la déduction de l'intégralité de ces sommes de l'assiette de l'impôt sur les sociétés.

D. Qualification de sociétés sportives

Si les SAOS, SASP et EUSRL sont des sociétés sportives par détermination de la loi, il est bien évident que tel n'est pas le cas des SARL, SAS et SA, ni de la SCIC. Quels sont alors les éléments qui permettent de qualifier ces formes de sociétés de société sportive ? Cet exercice de qualification est important puisque la réglementation prévue par le Code du sport, ainsi que celle fixée par les fédérations ont pour objet non les sociétés, mais bien les sociétés sportives[1]. Par conséquent ces règles ne concernent que lesdites sociétés. Or et de manière étonnante, le Code du sport ne contient aucune définition des termes sociétés sportives. Il est dès lors très délicat d'identifier les critères conduisant à la qualification de société sportive lorsqu'une telle société prend la forme d'une SA, d'une SARL ou d'une SAS voire d'une SCIC.

Cela étant, on peut tout d'abord affirmer qu'est sportive toute société obligatoirement constituée par une association

[1] Code du sport, art. L. 131-16.

sportive affiliée en application de l'article L. 122-1, alinéa 1, du Code du sport. Il devrait en aller de même lorsqu'une telle association décidera de créer une société pour gérer ses activités de participation aux organisations de manifestations sportives payantes visées à l'article L. 122-1, alinéa 1, puisque dans une telle situation l'association peut, selon l'alinéa 2 du texte précité, constituer une société sportive pour la gestion de ses activités payantes. On pourrait donc considérer que la possibilité offerte à l'association est exclusive de tout autre choix.

Au-delà, on peut se demander si ne doit pas être qualifiée de sportive toute SA, SARL, SAS ou SCIC dont l'activité sociale répond aux critères visés à l'alinéa 1 ou 2 de l'article L. 122-1 du Code du sport. Serait donc sportive la société qui participe de manière habituelle à l'organisation de manifestations sportives payantes qui lui procurent des recettes ou qui emploie des sportifs. Une telle analyse semble cependant beaucoup trop large, le critère de l'emploi des sportifs ne semblant pas pertinent. Peut-être faut-il alors réintégrer dans la définition les seuils visés à l'alinéa 1 de l'article L. 122-1 du Code du sport pour réduire le champ de la qualification de société sportive.

À la vérité, les textes actuels ne permettent pas de connaître avec certitude les critères de qualification des sociétés sportives. Le seul critère qui semble pertinent est celui de la participation des sociétés sportives[1] aux compétitions organisées par les fédérations ou autorisées par les fédérations délégataires, participation qui ne peut aujourd'hui se réaliser que sous l'égide de l'association sportive. Souhaitons donc qu'il soit demain posé dans la loi.

---

[1] Ou de leurs équipes même si, en l'état des dispositions fédérales, celles-ci concourent grâce au numéro d'affiliation délivré à l'association dite support.

E. Société à mission

Quoi qu'il en soit, on notera que les sociétés sportives peuvent, à l'instar de toutes les sociétés, définir dans leurs statuts une raison d'être constituée des principes dont la société se dote et pour le respect desquels elle entend affecter des moyens dans la réalisation de son activité[1].

Elles peuvent également adopter le label de société à mission, à la condition non seulement de se munir d'une raison d'être mais aussi de préciser statutairement un ou plusieurs objectifs sociaux et environnementaux que la société se donne pour mission de poursuivre dans le cadre de son activité. En l'occurrence, ces objectifs pourraient être en lien avec sport. Pour obtenir cette labélisation, la société sportive devra en outre respecter d'autres conditions fixées à l'article L. 210-10 du Code de commerce[2]. On peut se demander si ce label de société à mission concerne toutes les sociétés sportives[3], seulement celles ayant une forme commerciale de droit commun[4], celles ayant une forme commerciale au sens large du terme[5] et ce qu'il en est de la SCIC. A notre avis, elles sont toutes éligibles au statut de société à mission car elles sont toutes des sociétés commerciales, y compris la SCIC qui doit opter pour le statut de SA, SARL ou SAS. La question est par conséquent de savoir si la SCIC est une forme de société adaptée ou pas au sport professionnel. On peut présager que oui eu égard à sa nature de coopérative proche d'une association.

---

[1] Voir notamment D. Poracchia, *De l'intérêt social à la raison d'être des sociétés*, BJS juin 2019, n° 119w8, p. 40.

[2] Voir notamment A. Couret, *Les sociétés à mission*, D. 2020, p. 432.

[3] EUSRL, SAOS, SASP, SA, SAS, SARL et SCIC.

[4] SARL, SA et SAS.

[5] EUSRL, SAOS, SASP, SA, SAS, SARL.

II. SCIC ou pas SCIC dans le sport ?

On l'a dit, les sociétés coopératives d'intérêt collectif sont des sociétés commerciales sous forme de SA, de SAS ou de SARL. Elles ont pour objet la production ou la fourniture de biens et de services d'intérêt collectif présentant un caractère d'utilité sociale. Leur sociétariat est composé de toute personne morale ou physique qui contribue par tout moyen à l'activité de la coopérative. Ainsi, peuvent être associés à la coopérative toute personne productrice de biens et services, tout salarié, toute personne qui bénéficie à titre gratuit ou onéreux de l'activité de la coopérative, toute personne physique souhaitant participer bénévolement à son activité ou toute personne publique.

Le fonctionnement des SCIC est très proche de celui des SCOP: la gestion est démocratique (« une personne = une voix ») et le mode de fonctionnement ne privilégie pas la lucrativité. L'entreprise appartient à deux catégories d'acteurs obligatoires, des salariés, mais pas seulement, puisque le capital doit être détenu aussi par les bénéficiaires de l'activité (les clients, les usagers, les fournisseurs) et par au moins une troisième catégorie d'associés pouvant librement concerner des collectivités locales, des bénévoles, des financeurs, etc. En cas d'organisation de la gouvernance par collège, aucune de ces parties prenantes ne peut avoir la majorité à elle seule. Dans ce cas, les statuts déterminent la répartition des associés dans chacun des collèges et le nombre de voix dont disposent les collèges au sein de cette assemblée, sans toutefois qu'un collège puisse détenir à lui seul plus de 50 % du total des droits de vote ou que sa part dans le total des droits de vote puisse être inférieure à 10 % de ce total et sans que, dans ces conditions, l'apport en capital constitue un critère de pondération. Les statuts peuvent prévoir que le quorum nécessaire pour que les assemblées délibèrent valablement est déterminé en fonction du nombre d'associés présents ou représentés. Comme dans toute société coopérative, l'assemblée générale des associés fixe les orientations générales, agrée ou non de nouveaux associés, nomme et révoque ses dirigeants, approuve ou non les comptes, affecte le résultat, et est seule souveraine pour modifier ses propres statuts. Le(s) dirigeant(s) est(sont) choisi(s) soit parmi les associés ou à l'extérieur de la SCIC. La SCIC convient-elle ou pas au monde sportif ?

Il existe un site ministériel[1] qui propose de réaliser un diagnostic, une sorte d'audit, afin de savoir si tel ou tel club de sport aurait intérêt à passer en SCIC, ou si au contraire un passage en SCIC ne serait pas opportun. Ce diagnostic consiste à répondre à diverses questions en plusieurs étapes. L'étape 1 répond à la question : « Quelle est la dimension économique de ce projet ? ». L'étape 2 est relative à l'intérêt collectif du projet. L'étape 3 concerne l'utilité sociale du projet. La finalité de ces étapes est que si le projet SCIC a du sens, le site internet gouvernemental offre la possibilité de télécharger gratuitement un guide de 68 pages intitulé « Accompagner les acteurs du sport dans le développement d'une SCIC ». Au-delà de ces préconisations, le véritable intérêt de la SCIC dans le sport est nous semble-t-il de permettre aux clubs professionnels et supporters de les gouverner quasiment main dans la main. Ainsi, la SCIC permet d'associer à la gouvernance du club les supporters, les salariés, les bénévoles ou encore les sponsors, les investisseurs privés ou tout acteur local (collectivités publics, entreprises). La SCIC peut s'avérer être un outil intéressant dans le cadre de la création de catégories de supporters se rapprochant du modèle des « socios » du FC Barcelone par exemple. En outre, la SCIC peut permettre de trouver de nouvelles sources de financements : la création d'une SCIC peut séduire de nouveaux

[1] https://scic.sports.gouv.fr/.

investisseurs. Surtout, l'utilité sociale est un peu la raison d'être d'une SCIC. La promotion des valeurs du sport : intégration, santé et défense des intérêts des citoyens sont autant d'exemples qui pourront orienter le choix des clubs. La SCIC permet donc d'accroître l'impact social des clubs.

Le premier club de sport à avoir sauté le pas est le Sportif Club de Bastia[1] qui, par exemple, a créé plusieurs collèges regroupant différentes catégories d'acteurs au sein de son conseil d'administration. Comme l'explique le site Internet du club, le Sporting Club de Bastia a souhaité construire un nouveau modèle de club de football professionnel. Un modèle en rupture avec ce que les médias ont pointé du doigt par le passé (transparence, gouvernance démocratique, équilibre social et économique, etc.). Afin de mettre en place les conditions de ce renouveau, la création d'une SCIC est apparue comme une évidence afin d'impliquer de manière concrète l'ensemble des parties prenantes du club. La création de cette SCIC a permis de formaliser et pérenniser cette union sacrée en mettant l'intérêt collectif au-dessus des intérêts individuels.

La SCIC du SC Bastia est une SA, donc une société on ne peut plus commerciale mais avec pour objet l'intérêt collectif : Le Sporting Club de Bastia. Son mode de fonctionnement est coopératif : 1 personne = 1 voix en assemblée générale. Ladite SCIC est composée de 5 collèges représentant les différentes composantes du club : fondateurs, acteurs, économiques, supporters, salariés et anciens licenciés, collectivités. Les droits de vote et le capital sont distincts. Ainsi, les droits de vote sont fixes et ce quel que soit l'apport au capital. Cela permet une juste représentation des différentes composantes du club. S'agissant de la gouvernance, le conseil d'administration est composé de 10 représentants : 4 pour les fondateurs dont un est le président, 2 pour les acteurs économiques, 2 pour

[1] Club de football.

les supporters, 1 pour l'association Sporting Club Bastiais, 1 pour les salariés et anciens licenciés. Le conseil est responsable de l'ensemble des décisions stratégiques liées à la vie du club et s'assure de la bonne gestion de ce dernier. Il se réunit, à minima, 6 fois par an. Les collèges et la répartition des droits de vote est la suivante : les fondateurs détiennent 38%, les acteurs économiques (personnes physiques et personnes morales) en détiennent 22%, les supporters détiennent 20% des droits de vote, les salariés et anciens salariés sont titulaires de 10% des droits de vote, tout comme les collectivités qui détiennent également 10% des droits de vote. Quant au capital, la SCIC a été officiellement créée au cours du mois de mai 2019 avec l'apport en capital de différentes entités ou personnes physiques. 801 000 € constituent le capital initial de la SCIC. Ce capital est variable et peut évoluer au fur et à mesure de la vie de la SCIC.

Enfin, comme toute SCIC, le SC de Bastia propose un bulletin d'adhésion/ de souscription en ligne, au terme duquel le club réceptionne le paiement sur le compte de la SCIC et renvoie au souscripteur une attestation de détention des parts, une fois sa validation effectuée par le conseil d'administration avant la prochaine assemblée générale. Les membres déjà actionnaires sont encouragées à augmenter leur participation au capital de la Société et afin de lui offrir de meilleures ressources.

La SCIC que l'on connaît dans de tout autres domaines que le sport, et qui est parfois créée en matière agricole, notamment dans des exploitations vitivinicoles, semble ainsi réunir de nombreux atouts pour les clubs sportifs. Cependant, la création d'une SCIC s'accompagne d'une culture qui n'est pas toujours adaptée à l'historique de l'entité et à la volonté des dirigeants du moment.

Les liens entre la Coopérative d'Activité et d'Emploi et le travailleur privé d'emploi

par Mathilde Caron,
MCF HDR Droit privé,
Université de Lille, ULR 4487
Centre de Recherche Droits et perspectives du droit Lille
Membre de la ChairESS Hauts-de-France ;
Membre du réseau RESTEZ.

La loi dite « Hamon » du 31 juillet 2014[1] relative à l'économie sociale et solidaire à laquelle, à l'occasion de l'anniversaire des 10 ans de la loi, l'ARJESS a rendu hommage par un colloque, a créé les CAE en ses articles 47 et 48. Elle ajoute ainsi un titre III ter « la coopérative d'activité et d'emploi »[2]à la loi n° 47-1775 du 10 septembre 1947 portant statut de la coopération selon lequel « Les coopératives d'activité et d'emploi ont pour objet principal l'appui à la création et au développement d'activités économiques par des entrepreneurs personnes physiques. Ces coopératives mettent en œuvre un accompagnement individualisé des personnes physiques et des services mutualisés. Les statuts de la coopérative déterminent les moyens mis en commun par elle à cet effet et les modalités de rémunération des personnes mentionnées au premier alinéa du présent article, dans des conditions prévues par décret en Conseil d'État. Les articles 25-1 à 25-5 sont

[1]Loi n° 2014-856 du 31 juillet 2014 relative à l'économie sociale et solidaire, JORF n° 176 du 1 août 2014.
[2] Art. 26-41.

applicables aux sociétés coopératives d'activité et d'emploi ». La loi du 31 juillet 2014 crée ou modifie également différents articles du Code du travail et du Code de la sécurité sociale. Un titre III consacré aux entrepreneurs salariés associés d'une CAE est ainsi inséré dans le Code du travail, il comporte les articles L. 7331-1 à L. 7332-7. La loi n°2024-856 du 31 juillet 2014 procède à la consécration d'une expérimentation[1].

L'histoire des CAE[2] trouve ses racines dans la révolte ouvrière des Canuts de la Croix Rousse au 18e siècle. Ces derniers ont créé une coopérative ouvrière de production, COOPTIS. A partir des années 1990 le concept se développe, la première CAE identifiée datant de 1995 à Lyon, dénommée CAP Services. Elle est fondée par Elisabeth Bost. Selon elle, « (…) en 1995, après avoir fonctionné quelques mois sous une forme associative, on a créé à Lyon cette SARL SCOP, que l'on a appelée « CAP Services ». On s'est alors mis à coconstruire avec les personnes qui rentraient dans la structure ce qu'on appelle aujourd'hui une coopérative d'activité et d'emploi. Il faut considérer cela beaucoup plus comme une démarche que comme un objet achevé, qu'on pourrait aller vendre tel quel ailleurs. Quand je vais en Tunisie, au Maroc ou même en France, je dis souvent que c'est une démarche qu'il faut s'approprier, en l'adaptant à son environnement, qu'il soit économique, juridique, culturel, etc. Cette démarche repose

---

[1] Il est ici considéré que la CAE ayant été une expérimentation avant d'être légalisée, elle peut entrer dans cette catégorie au titre d'une « ancienne » expérimentation. Elle a en effet fait l'objet d'une circulaire DGEFP n° 2000/16 du 26 juin 2000 relative au pilotage national de l'expérimentation « couveuses d'activités ou d'entreprises » qui a été annulée par une décision du Conseil d'État en date du 27 juin 2001.

[2] M-Ch. Bureau et A. Corsani, *Les coopératives d'activité et d'emploi : pratiques d'innovation institutionnelle*, RFSE, 1er sem. 2015, p. 218.

sur les valeurs coopératives, qui sont celles de la mutualisation, de la solidarité ».[1]

Les personnes entrantes dans la CAE peuvent avoir différents statuts. La réflexion prendra pour point de départ celui du travailleur privé d'emploi qui peut intégrer une CAE. Cet angle d'attaque met davantage en évidence le « E » de CAE c'est-à-dire l'emploi et le lien que cette structure tisse avec l'emploi sous ses diverses formes. Cela permettra, 10 ans après la reconnaissance légale de la CAE, de la confronter avec la réforme du service public de l'emploi et une autre expérimentation de l'ESS qu'est TZCLD. En effet, la CAE offre un terrain de réflexion plus large autour de l'accompagnement (I) et des porteurs de projet (II).

I. L'accompagnement du travailleur privé d'emploi par la CAE

La CAE est une structure coopérative au sein de laquelle des personnes, qui ont toutes pour objectif d'entreprendre autrement, c'est-à-dire d'entreprendre selon des valeurs de mutualisation, de solidarité et de démocratie, peuvent passer par différentes étapes et avoir différents statuts en fonction de ces étapes. Le contrat d'appui au projet d'entreprise peut être proposé aux travailleurs privés d'emploi qui souhaitent bénéficier d'un accompagnement dans leur projet entrepreneurial (A), accompagnement qui est au cœur de la récente réforme du service public de l'emploi par la loi pour le plein emploi qu'il est intéressant de confronter aux rapports/bilans rendus sur la CAE (B).

---

[1]Interview réalisée par Carmelo Verone en novembre 2017 pour SMART : Elisabeth Bost : Les valeurs de l'économie solidaire.

A. Le contrat d'appui au projet d'entreprise

Les statuts des personnes entrantes dans une CAE varient au cours et à l'issue des premières années d'activité. En effet, d'abord porteur de projet, puis éventuellement titulaire d'un contrat d'appui à la création d'entreprise[1], la personne devient ensuite titulaire d'un contrat d'entrepreneur salarié[2] et est destinée à évoluer vers la qualité d'associé de la coopérative[3].

La CAE participe aux dispositifs en faveur de l'emploi par le biais du CAPE[4] et de l'article L. 5142-2 du Code du travail qui prévoit que « les aides de l'État et des collectivités publiques peuvent être mobilisées au bénéfice de l'appui et de la préparation à la création ou la reprise d'une activité économique dans ce cadre ». Le chapitre II relatif à ce contrat se situe en effet dans le Titre 4 qui concerne les aides à la création d'entreprise et appui d'entreprise qui appartient lui-même au Livre 1er relatif aux « dispositifs en faveur de l'emploi ». De plus, d'après les travaux de Mesdames Bureau Marie Christine et Corsani Antonella[5], la CAE s'inscrit dans une logique de retour à l'emploi orienté vers la création d'entreprise car elles ont été inventées par des travailleurs sociaux qui ont eu une réflexion en matière d'insertion sociale. Les politiques de l'emploi ont ensuite évolué vers une logique d'accompagnement vers l'emploi et la création d'entreprise. Elles expliquent enfin que pour répondre aux

---

[1]Code de commerce, art. L. 127-1 et s.; Code du travail, art. L. 5142-1 et s.

[2] Code du travail, art. L. 7331-2 2°.

[3] Code du travail, art. L. 7331-3.

[4] Notons que le Code de commerce n'est pas à jour de la nouvelle numérotation du Code du travail, l'article L. 127-6 renvoie aux articles L. 783-1 et L. 783-2 du Code du travail « ancien » recodifiés aux articles L. 5142-1 et L. 5142-3 du Code du travail « nouveau ».

[5] M-Ch. Bureau et A. Corsani, op.cit., p. 217-218.

crises liées à l'emploi et au chômage des années 70 Raymond Barre a encouragé à la création d'entreprise, puis la loi Madelin de 1995 a créé le statut d'auto-entrepreneur[1].

Le CAPE est un contrat destiné, entre autres, aux travailleurs privés d'emploi. En effet, selon l'article L. 127-1 du Code de commerce, « L'appui au projet d'entreprise pour la création ou la reprise d'une activité économique est défini par un contrat par lequel une personne morale s'oblige à fournir, par les moyens dont elle dispose, une aide particulière et continue à une personne physique, non salariée à temps complet, qui s'engage à suivre un programme de préparation à la création ou à la reprise et à la gestion d'une activité économique. Ce contrat peut aussi être conclu entre une personne morale et le dirigeant associé unique d'une personne morale ». Il est de plus précisé à l'article L. 5142-1 du Code du travail que les dispositions du titre II du livre IV relatives aux garanties de ressources du travailleur privé d'emploi sont applicables à cette personne physique. De cette particularité du lien créé entre la CAE et le travailleur privé d'emploi nait un questionnement autour de la réforme introduite par la loi pour le plein emploi de 2023.

B. La loi pour le plein emploi

Un questionnement concerne la place de la CAE dans la réforme du service public de l'emploi par la loi n° 2023-1196 du 18 décembre 2023 pour le plein emploi[2]. En effet, alors que l'accompagnement à la création d'entreprise par les travailleurs privés d'emploi y est évoqué, celui accordé par les CAE ou par les structures de l'ESS plus largement y est-il mis en évidence ? Cela serait un pas de plus vers le

---

[1] Aujourd'hui micro-entrepreneur.

[2] JORF n° 0293 du 19 décembre 2023.

souhait de réduire le manque de visibilité des CAE souligné par l'IGAS[1] qui propose que des conventionnements soient faits avec Pôle Emploi, aujourd'hui France Travail.

L'article 4 de la loi pour le plein emploi a créé l'article L. 5311-7 du Code du travail qui concerne le réseau pour l'emploi. Ce réseau participe d'une logique de « renforcement des missions des acteurs au service du plein emploi grâce à une organisation rénovée et une coordination plus efficiente ». Le rapport Guilluy d'avril 2023[2] proposait la création d'un réseau qui soit « une sorte d'équipe de France de l'insertion, de la formation et de l'emploi ». Dans cette lignée, l'article L. 5311-7 du Code du travail a prévu que le réseau pour l'emploi assure notamment des missions d'accueil, d'orientation, d'accompagnement, de formation, d'insertion et de placement des personnes à la recherche d'un emploi ou rencontrant des difficultés sociales et professionnelles.

Les personnes morales qui composent le réseau pour l'emploi ont toutes pour objectif de coordonner l'exercice de leurs compétences et de favoriser la complémentarité de leurs actions afin d'assurer le suivi et la continuité des parcours d'insertion ainsi que la réalisation des actions d'accompagnement socio-professionnel des bénéficiaires. Ces personnes morales sont l'État, les régions, les

---

[1] H. Pelosse, L. de Crevoisier, Ch.Branchu, A. Muscatelli, *Les sociétés coopératives d'intérêt collectif et les coopératives d'activité et d'emploi* , Rapport IGAS de mai 2021.

[2] T. Guilluy, *Rapport de synthèse de la concertation France Travail*, avril 2023, p. 15. Notons qu'alors même que les représentants des entreprises de l'ESS sont représentés dans la liste des contributions reçues (p. 268), et que l'accompagnement des demandeurs d'emploi désireux de créer leur propre entreprise est pris en considération dans le rapport (p. 21), il n'existe qu'une courte expression « entrepreneur salarié » évoquée p. 82 et 83 mais rien de spécifique ne concerne l'ESS, ce sont plutôt l'IAE, les couveuses, BpiFrance, et le retour à l'emploi par la démarche entrepreneuriale en générale qui sont étudiés.

départements, les communes en premier lieu. Le réseau est encore constitué de l'opérateur France Travail, des missions locales pour l'insertion professionnelle et sociale des jeunes (elles prennent la forme d'associations ou de groupements d'intérêt public) ainsi que des organismes de placement spécialisés dans l'insertion professionnelle des personnes en situation de handicap. A côté de ces membres de droit du réseau pour l'emploi, il est possible d'ajouter d'autres participants. En effet, le III de l'article L. 5311-7 du Code du travail prévoit que peuvent participer au réseau pour l'emploi :

- Les organismes publics ou privés dont l'objet consiste en la fourniture de services relatifs au placement, à l'insertion, à la formation et à l'accompagnement des demandeurs d'emploi. (=France travail, les maisons de l'emploi, les missions locales, les établissements chargés de la formation professionnelle des adultes et les organismes publics chargés du repérage des personnes les plus éloignées de l'emploi)
- Les organismes liés à l'État par une convention financière relative à l'insertion par l'activité économique des personnes rencontrant des difficultés sociales et professionnelles particulières. (= les SIAE : les ateliers et chantiers d'insertions, les entreprises d'insertion, les associations intermédiaires, les entreprises de travail temporaire d'insertion, les entreprises d'insertion par le travail indépendant)
- Les entreprises de travail temporaire
- Les entreprises adaptées et entreprises adaptées de travail temporaire
- Les établissements et services d'accompagnement par le travail (qui accueillent des personnes handicapées)
- Les établissements et services de réadaptation, de préorientation et de rééducation professionnelle

- Les organismes chargés de la mise en œuvre des plans locaux pluriannuels pour l'insertion et l'emploi
- Les groupements qui organisent des parcours d'insertion et de qualification pour les salariés rencontrant des difficultés d'insertion
- Les missions locales
- Les caisses d'allocations familiales et les caisses de mutualité sociale agricole
- Les structures dont l'objet est l'accompagnement et la création d'entreprises pour les personnes à la recherche d'un emploi.
- Les organismes publics ou privés chargés du repérage des personnes les plus éloignées de l'emploi ou qui ne sont pas inscrites dans un parcours d'insertion suivi par un autre membre du réseau pour l'emploi ainsi que de la remobilisation et de l'accompagnement socio-professionnel de ces personnes.

Il résulte de cette liste que les structures dont l'objet est l'accompagnement et la création d'entreprises pour les personnes à la recherche d'un emploi auxquelles appartiennent les CAE y sont représentées. Cela reste toutefois une catégorie englobante qui ne met pas en valeur les structures de l'économie sociale et solidaire[1]. Il apparaît, lorsque des recherches sont menées sur la liste des structures visées par le Code du travail, que les sites officiels que sont francetravail.fr ou encore travail-emploi.gouv.fr, n'identifient pas les CAE. Elles font en revanche référence aux couveuses, aux incubateurs, aux pépinières, aux ateliers et chantiers d'insertion, etc. Il semble donc que la particularité collaborative de la CAE

[1]Alors même que le rapport date de 2021, le besoin de visibilité est encore noté en avril 2025, *Cf.* L. Lavocat, *Réinventer le travail salarié, une utopie concrète*, Reporterre, avril 2025, https://reporterre.net/Reinventer-le-travail-agricole-l-utopie-concrete-d-une-cooperative.

liée à son inscription dans le champ de l'ESS, avec des valeurs de mutualisation, de solidarité et de démocratie dans une entreprise partagée, n'est, en 2024, pas valorisée.

La personne qui bénéficie de l'accompagnement par la CAE de son projet d'entreprendre autrement n'est pas destinée à avoir un statut statique, bien au contraire, celui-ci évolue dans le temps jusqu'à la qualité d'associé de la CAE.

II. Le statut évolutif des porteurs de projet au sein de la CAE

De porteur de projet à associé, en passant par entrepreneur salarié, la personne intégrée dans la CAE passe par des « zones grises » d'emploi (A) qui peuvent être confrontées à d'autres « zones grises » existantes dans d'autres expérimentations de l'ESS, notamment l'expérimentation TZCLD, afin de nourrir la réflexion (B).

A. Du contrat d'appui au projet d'entreprise au contrat d'entrepreneur salarié

Comme évoqué *supra*, les statuts des personnes entrantes dans une CAE varient au cours et à l'issue des premières années d'activité, sachant que la personne passera nécessairement par la signature d'un CESA[1].

Les règles relatives aux entrepreneurs salariés associés des CAE se situent dans la partie 7 du Code du travail, laquelle comporte des dispositions dites « particulières » à certaines catégories de travailleurs. Il y est indiqué que la CAE est une structure qui appuie la création et le développement d'activités économiques par des

[1] Code du travail, art. L. 7331-2 2°.

entrepreneurs salariés associés personnes physiques, lesquelles bénéficient d'un accompagnement individualisé. En termes de parcours, le porteur de projet se met en quête d'une CAE, qu'il choisit soit en fonction de sa localisation, soit en fonction des métiers, avec laquelle il va échanger pour vérifier la possibilité d'intégration du projet à la CAE. Deux possibilités s'ouvrent ensuite. Le porteur de projet peut faire le choix du CAPE[1] qui permet de tester l'activité tout en étant accompagné en vue de son développement. La spécificité de ce contrat est le maintien des droits sociaux ou des revenus avec une familiarisation de la culture de coopération. Le passage par le CAPE n'est toutefois pas une obligation. Le porteur de projet peut en effet choisir de signer directement un CESA lorsque son activité est déjà en cours et génère des revenus lui permettant de se rémunérer. Dans cette hypothèse, une contribution sera prélevée par la coopérative sur le chiffre d'affaires ou sur la marge brute afin de financer les services mutualisés dont bénéficie l'ESA et les frais de fonctionnement de la CAE. En dernière étape, l'ESA devient associé de la CAE dans un délai maximal de 3 ans à compter de la conclusion du CESA[2]. La logique de la coopération est bien présente.

Le statut d'ESA emprunte au droit commercial et au droit du travail, il est à la frontière des deux droits, il s'agit d'un statut hybride qui comporte une partie des avantages de l'entreprenariat et du salariat sans en éluder tous les inconvénients mais en les diminuant considérablement. Il s'agit en quelque sorte d'une autonomie accompagnée et protégée. L'autonomie réside dans l'entreprenariat, l'accompagnement dans la CAE, la protection est issue du contrat qui les lie. De nombreuses études ont interrogé ce statut sous l'angle du lien de subordination juridique et des

---

[1] Code du travail, art. L. 5142-1 et s. et Code de commerce, art. L. 127-1 et s.

[2] Code du travail, art. L. 7331-3.

catégories du droit du travail[1]. Il s'agit d'une « zone grise » des relations de travail et d'emploi au sein de la CAE. Selon les sociologues, la « zone grise » permet « d'explorer la perte, ou tout au moins l'affaiblissement des catégories binaires du travail et de l'emploi (indépendant/salarié, emploi/chômage, poste de conception/poste d'exécution, temps de travail/temps de loisir, lieu de travail/lieu de vie, formation/travail, etc.) et plus largement d'un grand nombre de catégories d'emploi héritées de l'ère « fordiste » du 20e siècle ».[2] Elles s'intéressent à la frontière qui existe entre le travail salarié et le travail indépendant au sens où l'entend Monsieur Alain Supiot[3] c'est-à-dire « l'autonomie dans la subordination » et « l'allégeance dans l'indépendance ».

La loi n°2014-856 du 31 juillet 2014 a créé ce statut hybride qui n'existait pas auparavant afin de trouver une solution face, notamment, aux actions en requalification en salariat et au sentiment d'insécurité juridique que cela a engendré au sein des coopératives, elles-mêmes non encore reconnues comme CAE par la loi. Malgré cette reconnaissance légale, et l'idée de « subordination volontaire » au sens d'une dépendance admise/acceptée/souhaitée au collectif[4], l'ESA n'entre aujourd'hui toujours pas dans une catégorie juridique à part entière. Les propositions d'amélioration du statut

---

[1] G. Auzero, *Le statut d'entrepreneur salarié associé d'une coopérative d'activité et d'emploi*, RDT, 2014, p. 681 ; S. Tournaux, *Chronique d'actualité du régime juridique du contrat de travail*, Dr. soc., 2015, p. 206 ; J-Y. Kerbouch, *Le travailleur d'une coopérative d'activité et d'emploi : l'autonomie d'un entrepreneur, la protection du salariat*, BJT 2021, n° 3, p. 53.

[2] M-Ch. Bureau M.-Ch., A. Corsani, O.Giraud, F. Rey (directeurs), *Les zones grises des relations de travail et d'emploi, un dictionnaire sociologique*, Tome 1, Teseopress, 2e édition.

[3] A. Supiot, *Les nouveaux visages de la subordination*, Dr. soc., 2000, p. 133.

[4] M-Ch. Bureau et A. Corsani, op. cit., p. 221.

poursuivent d'ailleurs dans cette logique hybride. L'IGAS propose ainsi[1] d'ajouter un alinéa à l'article L. 7331-3 du Code du travail concernant la suspension du contrat de travail en matière de maternité, paternité, accident du travail, et, dans le même temps, le CS-ESS[2] précise qu'« un entrepreneur salarié en CAE doit pouvoir pleinement rendre effective sa double qualité d'entrepreneur et celle de salarié. Or, en tant qu'entrepreneur, il ne bénéficie pas de l'équité de traitement en matière de soutien à l'activité économique ».

Les structures de l'ESS, voire même les expérimentations de l'ESS, proposent souvent des statuts hybrides ou des statuts pour lesquels les acteurs soulèvent un sentiment d'insécurité juridique. Tel est par exemple le cas du statut du bénévole dans les SCIC[3]. Le statut de l'ESA dans sa phase de porteur de projet peut également être mis en parallèle avec le statut du « volontaire privé durablement d'emploi » dans l'expérimentation Territoire Zéro Chômeurs de Longue Durée. De cette étude en parallèle pourraient ressortir des caractéristiques propres aux porteurs de projet de l'ESS.

B. De porteurs de projet à parties portantes de leur futur emploi

Une comparaison avec une autre expérimentation[4] devrait permettre de tirer des pistes de réflexion sur le statut

[1] Proposition n° 13 du Rapport IGAS.

[2] Avis du CS-ESS Bilan loi 2014, juillet 2023, p.145 et s.

[3] M. Caron, *Quelques réflexions autour du travailleur bénévole au sein de la SCIC*, BJT, 2024, pp. 3-5.

[4] Selon le Conseil d'État, *« L'expérimentation est une méthode qui permet de tester sur le terrain, pendant une durée limitée, une mesure, une politique, un mode d'organisation, ou une nouvelle technologie, et d'en mesurer les effets de façon objective. L'expérimentation est un*

hybride souvent présent au sein de l'ESS. Il s'agit de l'expérimentation TZCLD[1]. Dans les deux cas les structures en cause relèvent de l'ESS[2]. L'expérimentation TZCLD est quelque peu différente de celle de la CAE car il s'agit d'une initiative expérimentale[3] lancée en 2016, visant à démontrer

---

outil au service des politiques publiques innovantes et efficaces, qui permet d'associer le citoyen à leur élaboration. Elle a pour finalité d'éclairer les choix des décideurs publics. Inscrite dans la Constitution depuis 2003, l'expérimentation permet de déroger à une loi ou un règlement durant un temps limité. Elle est aujourd'hui largement pratiquée dans l'action publique », *In* Les Études du Conseil d'État, Améliorer et développer les expérimentations pour des politiques publiques plus efficaces et innovantes, La Documentation française, 3 octobre 2019 : https://www.conseil-etat.fr/actualites/ameliorer-et-developper-les-experimentations-pour-des-politiques-publiques-plus-efficaces-et-innovantes.

[1] Ces réflexions, bien que préexistantes, sont issues aussi de réflexions collectives au sein de l'équipe DYNAMIT et du réseau RESTEZ auxquels je participe et appartiens.

[2] Pour l'expérimentation TZCLD il s'agit des entreprises à but d'emploi (EBE) : *cf* https://www.tzcld.fr.

[3]Le projet "Territoires zéro chômeur de longue durée" est lancé par ATD Quart Monde en 2011. En automne 2012, le projet est présenté lors de la Conférence nationale de lutte contre la pauvreté. Le gouvernement Ayrault rejette alors l'idée, la jugeant trop utopique. Malgré ce refus, ATD Quart Monde poursuit son initiative. Entre 2013 et 2014, cinq territoires ruraux s'engagent volontairement dans la préparation du projet. En 2014, le député Laurent Grandguillaume crée un groupe de travail parlementaire pour soutenir le projet. Le 27 avril 2015, une "marche" sur l'Assemblée nationale est organisée, réunissant plus de 200 personnes, donnant au projet une première visibilité nationale. Le 16 juin 2015, malgré les réserves du ministre du Travail François Rebsamen, Laurent Grandguillaume présente la proposition de loi au groupe PS, qui accepte de la soutenir. Le Conseil économique, social et environnemental et le Conseil d'État rendent des avis positifs, renforçant la crédibilité du projet. Le 23 novembre 2015, la proposition de loi est adoptée à l'unanimité en première lecture à l'Assemblée nationale. Le projet est officiellement reconnu par l'État avec la promulgation de la loi n°2016-231 le 29 février 2016, autorisant une expérimentation territoriale pour résorber le chômage de longue

qu'il est possible de résorber le chômage de longue durée en mobilisant les ressources locales et en créant des emplois utiles pour la communauté[1].

L'initiative repose sur trois principes fondamentaux : personne n'est inemployable ; le coût du chômage de longue durée est élevé et il est possible de réorienter les dépenses sociales vers la création d'emplois ; les emplois créés répondent à des besoins locaux et non satisfaits localement.

Les deux dispositifs, CAE et TZCLD ne peuvent pas être comparés *stricto sensu* car la philosophie des « expérimentations » diffère. Il est toutefois possible, puisque dans les deux cas les structures accompagnatrices relèvent de l'ESS, de s'interroger sur le binôme : porteur de projet/accompagnement. Dans les deux hypothèses en effet, la personne peut être privée d'emploi[2] et bénéficie d'un accompagnement vers l'emploi.

Dans les deux hypothèses encore, l'accompagnement est présent avec la nuance de « l'aller-vers[3] » qui n'existe que dans l'expérimentation TZCLD. En effet, alors que le futur

---

durée : D. Le Guillou, C. Hédon, D. Goubert, *Zéro chômeurs, dix territoires relèvent le défi*, Ed. de l'Atelier, 2019, chapitre 5.

[1]Loi n°2016-231 du 29 février 2016 d'expérimentation territoriale visant à résorber le chômage de longue durée ; elle est suivie de la Loi n°2020-1577 du 14 décembre 2020 relative au renforcement de l'inclusion dans l'emploi par l'activité économique et à l'expérimentation « territoire zéro chômeur de longue durée » ; une proposition de loi visant à exercer l'accès à l'emploi, pérenniser et étendre progressivement l'expérimentation Territoires zéro chômeur longue durée comme solution de retour à l'emploi pour les personnes privées durablement d'emploi a été enregistrée à l'Assemblée Nationale le 17 avril 2025 .

[2]En 2016, l'expérimentation TZCLD concerne le « *demandeur d'emploi privé d'emploi depuis plus d'un an* » puis, en 2020, il s'agit de la « personne volontaire privée durablement d'emploi depuis au moins un an ». Il en est de même dans la proposition de loi de 2025.

[3] Cf. la philosophie de l'aller-vers : P-Y. Verkindt, *« Repérer » ou connaître ? L'article 7 de la loi pour le plein emploi*, Dr. soc., 2024, p.75.

ESA doit trouver la CAE adaptée à son projet, laquelle accepte de suivre ou non celui-ci et lui accordera un accompagnement une fois qu'il est entré dans le processus, la démarche TZCLD procède à un repérage et un aller-vers la personne privée d'emploi afin de l'inviter à rejoindre l'expérimentation et l'accompagnement qu'elle propose.

Dans les deux hypothèses enfin, le choix de l'activité est important. Il s'agit, au sein de la CAE, d'exercer une activité qui corresponde aux compétences de la personne laquelle doit être viable et permettra de dégager une rémunération lorsque le CAPE sera terminé. La démarche TZCLD ajoute à la correspondance entre les compétences de la personne et l'activité, celle de la non-concurrence et de la complémentarité sur leur territoire.

Ces trois points très rapidement décrits mettent en évidence que les personnes concernées par ces structures de l'ESS sont des porteuses de projet, elles sont aussi porteuses de leur activité, de leur futur emploi, et cela de la phase d'incubation vers la concrétisation qui prend la forme du CESA puis de la qualité d'associé dans le cas de la CAE ou de salarié en CDI à temps choisi en cas d'habilitation de l'EBE pour la démarche TZCLD. Ces porteuses de projet pourraient prendre le nom de « parties portantes »[1]car au-delà d'être des parties prenantes, elles ont pour caractéristiques de ne pas être passives. Elles sont actrices de la création de leur, certes potentiel[2], futur emploi. C'est

---

[1] Cette expression est utilisée dans le cadre d'une réflexion sur la figure du « bénéficiaire » dans l'aide internationale. Les « parties portantes » sont les parties prenantes qui cessent d'être uniquement des participantes (passives) et deviennent aussi des acteurs de leurs propres destinées. Ce ne sont pas seulement des participants mais des sujets d'action : E. Amouzoun, *De la vulnérabilité à la reconnaissance : réflexion sur la figure du « bénéficiaire » dans l'aide internationale*, Sociétés, 4/2022, p. 139.

[2]Le caractère potentiel s'explique au niveau de la CAE par la phase de présentation du projet (qui peut être refusé) et celle en CAPE qui peut

en cela qu'elles sont des parties portantes. L'accompagnement de ces personnes privées d'emploi, n'est possible que si elles adhérent, si elles souhaitent entrer dans la démarche. Il n'y a pas de contrainte. A la privation d'emploi s'ajoute un autre statut, soit celui de volontaire (TZCLD), soit celui de personne titulaire d'un CAPE (CAE), qui tous les deux agissent comme partie (membre de la CAE ou membre de l'expérimentation TZCLD) portante (l'activité est exercée, il faut prouver qu'elle est viable afin que le processus puisse se poursuivre).

Il ressort de ce qui précède que, les parties portantes de leur futur emploi, n'ont pas toutes le même statut et les mêmes protections alors même que les structures accompagnatrices relèvent ici toutes deux de l'ESS. Cette « zone grise » qui entoure les parties portantes de leur futur emploi (demandeur d'emploi ou personne privée d'emploi/ porteur de projet accompagné) doit être prise en compte et solutionnée. Pour que cela soit possible, toutes les situations de ce même type doivent, au sein de l'ESS, être préalablement identifiées. Cela permettrait d'apporter une proposition adaptée aux parties portantes de leur futur emploi au sein de l'ESS et qu'il ne soit pas imposé de

---

aboutir à un arrêt de l'activité faute de parvenir à la faire fructifier. En ce qui concerne la démarche TZCLD, l'activité doit d'abord exister en phase d'incubation (ou pré-habilitation) c'est-à-dire qu'avant l'habilitation de l'EBE par les pouvoirs publics, les personnes privées durablement d'emploi qui acceptent de s'inscrire dans le processus doivent, avec les membres du comité local pour l'emploi, rechercher en fonction de leurs compétences les activités utiles, complémentaires et non concurrentes à l'économie locale qui sont réalisables, les tester dans le temps, identifier les contraintes inhérentes à chaque activité pour pouvoir les respecter ou à l'inverse ne pas s'y engager au profit d'une autre. En cette phase d'incubation, la personne est volontaire puis deviendra salariée de l'EBE si celle-ci est habilitée et que le nombre de contrats de travail permet de couvrir ou non l'ensemble des volontaires (c'est également un risque supporté par le volontaire s'il n'y a pas d'habilitation).

s'insérer dans des dispositifs préexistants, comme cela fût le cas pour le CAPE de la CAE[1].

[1]Notons que le CAPE a été imposé alors que les acteurs et militants souhaitaient que celui-ci soit adapté à la situation de la CAE, structure de l'ESS, alors qu'il était adapté aux couveuses qui ne sont pas nécessairement des structures de l'ESS (cf . E. Bost, Aux *entreprenants associés, La coopérative d'activité et d'emploi*, Les Éditions REPAS, Valence, 2016, p. 126). De plus, certains rapports sur l'expérimentation TZCLD version loi n° 1 et n°2 mettent en exergue ce problème mais pour autant celui-ci ne reçoit pas d'adaptation dans la proposition de loi n° 1326 visant à exercer l'accès à l'emploi, pérenniser et étendre progressivement l'expérimentation Territoire zéro chômeurs longue durée comme solution de retour à l'emploi pour les personnes privées durablement d'emploi, déposée le 17 avril 2025.

Chapitre 3 : Le champ de l'ESS étendu par l'activité

Les convergences entre l'économie sociale et solidaire et l'économie circulaire

Marie RAKOTOVAHINY
Maître de conférences-HDR
Université de Toulouse
Membre du LERASS (URU 827)
Membre associé du CDA (EA 780)

Dix ans après l'adoption de la loi dite « loi Hamon » sur l'ESS, la portée de sa reconnaissance légale interroge ? L'ESS est définie par la loi n°2014-856 du 31 juillet 2014 comme un mode d'entreprendre se distinguant de l'économie conventionnelle. Elle rassemble des entreprises poursuivant trois principes fondamentaux : une lucrativité limitée, une gestion démocratique fondée sur le principe « une personne = une voix », une activité tournée vers la satisfaction des besoins de ces membres ou la réalisation de missions d'intérêt général[1]. L'ESS est également un modèle de développement économique « inclusif », créateur d'emplois non délocalisables, produit du lien social, par exemple, en réinsérant grâce au travail des personnes

[1]Etude d'impact du projet de loi sur l'économie sociale et solidaire, 24 juillet 2013, p.3.

éloignées de l'emploi, en développant des services de proximité dans les territoires (…)[1]. Dès lors peut-on/doit-on se contenter de cette approche structurelle et fonctionnelle de l'ESS ? Ne peut-on pas s'attarder sur les spécificités de l'activité qui se développe dans le champ de l'ESS et envisager son extension par le truchement d'activités relevant du champ de l'économie circulaire ? La « substantifique moelle » de ces deux économies n'est pas si éloignée l'une de l'autre.

L'économie circulaire peut se résumer par le célèbre aphorisme de Lavoisier : « *Rien ne se perd, rien ne se crée, tout se transforme* »[2]. Cette économie ne fait pas l'objet d'une définition standardisée, mais est promue plus comme un parangon de développement durable, soutenable. A cet égard, elle a été consacrée légalement récemment sous l'impulsion d'enjeux environnementaux, écologiques, sociétaux prégnants même si les activités relevant de son domaine ont une relative ancienneté. La réduction des déchets est un des piliers de l'économie circulaire et est consacré tel quel par la loi n°75-633 du 15 juillet 1975 relative à l'élimination des déchets et la récupération des matériaux. Puis la loi n° 2015-992 du 17 août 2015 relative à la transition énergétique pour la croissance verte emploie pour la première fois le terme d'économie circulaire dans son titre IV intitulé « Lutter contre les gaspillages et promouvoir l'économie circulaire : de la conception des produits à leur recyclage ». Elle définit à cet égard deux objectifs : la prévention des déchets et leur gestion

---

[1] *Ibid.*

[2]Aphorisme attribué à Lavoisier, cité par M. Eude, *L'économie circulaire, de la notion économique aux principes juridiques complexes*, dans Droit et Ville, 2019/1, n° 87, Éditions Institut des Études Juridiques de l'Urbanisme, de la Construction et de l'environnement, p.291.

intelligente[1]. Enfin la loi n°2020-105 du 10 février 2020 relative à la lutte contre le gaspillage et à l'économie circulaire[2] sans donner de définition de cette économie, affiche des objectifs primordiaux : réduire les déchets, sortir du plastique jetable, mieux informer le consommateur, agir contre le gaspillage, mieux produire et lutter contre les dépôts sauvages.

L'ESS comme l'économie circulaire sont mues par la même dialectique : le refus d'un système économique basé sur la croissance indéfinie, le renouvellement incessant de l'offre, tellement puissant qu'il a conduit à qualifier, il y a plus de quarante ans, notre modèle de société de « société de consommation »- avec les préfixes amplificateurs «hyperconsommation » -basé sur une expansion constante du commerce des matières premières, des produits manufacturés, des services renouvelés, sur la recherche incessante de nouveaux marchés, etc., en marquant la valeur de cette expansion par le culte de la vitesse- accélération, renouvellement des objets et des « modes »- (...) . Nées à des époques différentes , elles ont été toutes deux soumises au même diktat de l'industrialisation et de sa globalisation, du constat de l'incapacité, de l'impossibilité de continuer dans un modèle économique fondé sur les capitaux créant des inégalités de tout genre, de satisfaire les besoins des femmes et des hommes sans que cette satisfaction n'altère immédiatement soit la personne elle-même-ce contre quoi s'est construite l'ESS- soit son environnement naturel et ses

---

[1] M. Eude, *L'économie circulaire, de la notion économique aux principes juridiques complexes*, dans Droit et Ville, 2019/1, n° 87, Éditions Institut des Études Juridiques de l'Urbanisme, de la Construction et de l'institut des Études Juridiques de l'Urbanisme, de la Construction et de l'environnement, p.296.

[2] J. Julien, *Loi n° 2020-105, 10 févr. 2020, relative à la lutte contre le gaspillage et à l'économie circulaire*, Revue des contrats, n°3, Sept. 2020, p.96.

ressources-ce contre quoi s'est créée l'organisation dite d'une économie circulaire.

L'ESS et l'économie circulaire ne se situent pas au même niveau en dépit de l'utilisation dans le langage dominant du même substantif « économie » : la première est un système complet , un ensemble ou l'économie a sa place - mais aussi l'éducation et l'instruction , l'entraide et la solidarité- qui vise à construire un ensemble ou la personne est le centre-(l'origine et la finalité)- la seconde est une organisation productive et consommatrice conçue dans la recherche d'une performance de durabilité et depuis plus récemment , plus économe , plus frugale , dans l'étape de la fabrication. Avec l'économie circulaire, la vision de l'économie est systémique prenant en compte toutes les étapes d'un produit[1].

Incontestablement il existe entre l'ESS, mode d'entreprendre et de développement économique et l'économie circulaire, autre façon de produire, des convergences. Pionnière dans les activités de recyclage[2], de réemploi[3] en contribuant à l'insertion économique de

---

[1]P. Berteloot, F. Gerard, *Rapport d'information*, Assemblée nationale, n°1540 pour la commission des affaires européennes sur l'économie circulaire.

[2] Ministère de la transition écologique et solidaire, Ministère de l'économie et des Finances, PIPAME, Économie sociale et solidaires : la valorisation des déchets et le réemploi, 2017, p.15, « La gestion des déchets, plus communément désignée par le terme recyclage, englobe les processus de collecte, tri, traitement, valorisation ou élimination. Relève du recyclage toute opération de valorisation par laquelle les déchets, y compris les déchets organiques, sont retraités en substances, matières ou produits aux fins de leur fonction initiale ou à d'autres fins. Le recyclage consiste donc à réintroduire dans un cycle de production, un déchet en remplacement total ou partiel d'une matière première vierge ».

[3]*Ibid*, « Est considérée comme réemploi, toute opération par laquelle des substances, matières ou produits qui ne sont pas des déchets sont utilisés de nouveau pour un usage identique à celui pour lequel ils

personnes en fragilité, novatrice dans des modes de production et de distribution agricoles par le biais de l'agriculture paysanne, des circuits courts[1], initiatrice de la transition énergétique sous des formes variables et à destination d'un large public par la lutte contre la précarité énergétique, par la mobilité durable et partagée, par l'implication des citoyens avec les coopératives d'énergie citoyenne (….), l'ESS a donné une dimension sociale et sociétale à un certain nombre d'activités qui relèvent désormais de l'économie circulaire.

La reconnaissance de l'économie circulaire comme modèle de production[2] indépendamment des seules structures de l'ESS et des objectifs que la loi lui assigne contribue à l'extension du domaine d'application de l'ESS en raison des synergies existantes entre les deux économies(I). Mais les convergences ne suffisent pas à elles seules à déployer l'extension du champ de l'ESS, leurs interactions doivent être facilitées pour mettre en mouvement une transition vers une société plus résiliente et respectueuse des enjeux de durabilité (II).

---

avaient été conçus. Il s'agit de l'opération par laquelle un produit est donné ou vendu par son propriétaire initial à un tiers qui, a priori, lui donnera une seconde vie ».

[1] S. Grandvuillemin, *« Le système AMAP » : zone de non droit*, JCP, éd., E, n°24, Juin 2015, 1279.

[2] Définition de l'INSEE économie circulaire : « *Organisation d'activités économiques et sociales recourant à des modes de production, de consommation et d'échange fondés sur l'écoconception, la réparation, le réemploi et le recyclage, et visant à diminuer les ressources utilisées ainsi que les dommages causés à l'environnement* ».

I. L'activité circulaire ou l'existence de convergences entre l'ESS et l'économie circulaire

La loi n°2014-856 du 31 juillet 2014 privilégie une approche structurelle de l'ESS à travers les organisations relevant de son champ[1]. A l'opposé, l'économie circulaire est définie par une série d'objectifs[2] se déployant autour de la prévention, de la gestion des déchets. Ces derniers ne sont pas l'apanage de l'économie circulaire, ils concernent aussi les activités qui se déploient dans le champ de l'ESS. A cet égard, la circularité de l'activité a été un facteur d'inclusion sociale pour l'ESS. En ce sens, l'approche de l'ESS à l'égard de la circularité de l'activité est fonctionnelle (A). Mais l'émancipation de l'économie circulaire comme modèle économique lui a conféré une certaine reconnaissance/légitimité rendant le message de l'ESS pas toujours perceptible (B).

A. L'ESS, pionnière dans la circularité de l'activité

Selon le Professeur D. Hiez, les structures de l'ESS ont une certaine neutralité circulaire dans la mesure où intrinsèquement elles n'ont pas naturellement réfléchi à la prévention et la gestion des déchets. Cependant certaines organisations de l'ESS comme les associations[3] se sont intéressées à l'aspect circulaire de l'activité en la corrélant avec un objectif d'inclusion sociale. Les activités de recyclage et de remploi peu rentables ont été délaissées par les opérateurs privés du déchet qui se sont plus investis dans

---

[1] Production, transformation (…).

[2] Piliers de l'économie circulaire : Approvisionnement durable, écoconception, écologie industrielle et territoriale, consommation responsable, allongement de la durée d'usage des produits, recyclage des déchets.

[3] Exemple avec les ressourceries.

la collecte et l'incinération des déchets[1]. A l'opposé, les entreprises solidaires se sont saisies de ce champ d'activité pour construire des parcours d'insertion pour les personnes en difficulté. Ces activités de recyclage et de remploi des déchets ont constitué et constituent une formidable opportunité pour « remettre debout les personnes les plus cassées en leur proposant du travail »[2]. Dans cette mesure l'ESS, à travers les entreprises solidaires, a été pionnière dans le déploiement de la circularité de l'activité.

Cette circularité de l'activité participant du champ de l'ESS a également concerné le domaine de l'alimentation biologique dont le but a été de préserver et de défendre l'ancrage territorial et de répondre partiellement à la dégradation à la pollution de l'environnement. La sensibilité circulaire de l'ESS s'est manifestée aussi à travers la manière de déployer l'activité, que certaines organisations proposent, proches du cycle de production caractéristique de l'économie circulaire comme les coopératives de consommation[3] ou les structures impliquées dans les circuits courts de consommation alimentaires avec les AMAP[4] par exemple.

---

[1] A-L. Rebaud, *Economie circulaire et ESS : Complémentarités et synergies*, sous la direction de D. Stokkink, notes d'analyse, nov. 2016, p. 4.

[2] A-L. Rebaud, i*bid.*

[3] D. Hiez, article précité, p.29. Article 1 de la loi du 7 Mai 1917, « *Les sociétés coopératives de consommation sont des sociétés à capital et personnel variables, constituées conformément au titre III de la loi du 24 juillet 1867 par des consommateurs, dans le but: 1° De vendre à leurs adhérents les objets de consommation qu'elles achètent ou fabriquent, soit elles-mêmes, soit en s'unissant entre elles; 2° De distribuer leurs bénéfices entre leurs associés au prorata de la consommation de chacun ou d'en affecter tout ou partie à des œuvres de solidarité sociale dans les conditions déterminées par leurs statuts* ».

[4] D. Hiez, *Ibid.* AMAP : Association pour le maintien d'une agriculture paysanne.

La filière verte regroupant des activités classiques réalisées avec des procédés moins polluants ou moins consommateurs d'énergie et les éco-activités, dont la finalité est la protection de l'environnement ou la gestion des ressources naturelles[1] a également été saisie par des structures de l'ESS contribuant à faire de celle-ci « une économie de la réparation » tout en les ancrant territorialement, en y associant les citoyens et en essaimant leurs pratiques[2].

L'activité déployée par les organisations relevant de l'ESS affichent une certaine circularité confortée par sa dimension d'utilité sociale. L'utilité sociale est une notion consubstantielle à l'ESS. En l'absence de définition précise de l'utilité sociale dans la loi de 2014, les objectifs qui lui sont assignés laissent transparaître sa fonction contributive à la satisfaction de l'intérêt général. Précisément, l'utilité sociale renvoie à la contribution positive - la mise en valeur- qui se dégage d'une action réalisée par une organisation ou la manière de la réaliser, son processus de production ou son articulation avec d'autres actions[3]. L'utilité sociale ne peut être appréhendée sans se référer à l'innovation sociale définie par la loi n°2024-856 du 31 juillet 2014 comme le projet d'une entreprise d'offrir des produits ou des services permettant de répondre à des besoins sociaux non ou mal satisfaits , que ce soit dans les conditions actuelles du marché ou dans le cadre des politiques publiques, de répondre à des besoins sociaux par une forme innovante d'entreprise , par un processus innovant de production de biens ou de services ou encore par un mode innovant

---

[1] https://www.economie.gouv.fr/cedef/economie-verte, consulté le 7 novembre 2024.

[2] Exemple avec ENERCOOP.

[3] B. Moutier, *L'évaluation de l'utilité sociale comme mesure de la spécificité de l'ESS*, Informations sociales, 2019/1 (n° 199)2019/1, p.75.

d'organisation du travail. L'utilité sociale, finalité de l'activité et l'innovation sociale, procédé de production caractérisent aussi l'activité issue de l'économie circulaire, mode de production. Le processus innovant de production contribue à la circularité. A cet égard, un des objectifs affichés de l'utilité sociale défini par la loi de 2014 est de concourir au développement durable au même titre que l'économie circulaire.

Marqueur de l'identité de l'ESS, l'utilité sociale de l'activité a pour but de servir le développement durable. Objectif de développement durable[1], la transition vers l'économie circulaire « vise à atteindre une empreinte écologique neutre dans le cadre du respect des limites planétaires et à dépasser le modèle économique linéaire consistant à extraire, fabriquer, consommer et jeter en appelant à une consommation sobre et responsable des ressources naturelles et des matières premières primaires ainsi que, par ordre de priorité, à la prévention de la production de déchets, notamment par le réemploi des produits, et, suivant la hiérarchie des modes de traitement des déchets, à une réutilisation, à un recyclage ou, à défaut, à une valorisation des déchets (…) »[2].

Certaines activités réglementées qui ne sont pas dans le périmètre de l'ESS parce que ne figurant pas dans l'article 1er de la loi n°2014-856 du 31 juillet 2014, mais que la loi évoque, parce qu'il y a une communauté de valeurs[3] comme les éco organismes dont le but n'est pas lucratif et qui sont des organisations collectives à mission poursuivant l'objectif de transition vers l'économie circulaire[4] ou le

---

[1] Code de l'environnement, art.L.110-1.

[2] Code de l'environnement, art. L.110-1-1.

[3] D. Hiez, *Quelle lecture de l'entreprise d'économie sociale et solidaire (ESS) en droit français* ? RECMA 2019/3 (N° 353)2019/3 (N° 353), p.100.

[4] D. Voinot, *Les éco-organismes*, RJE,1/ 2022, p.34.

commerce équitable, contribuent à la circularité de l'activité par les effets qu'elles engendrent et par la démarche de développement durable/soutenable recherchée.

L'ESS a fait de la circularité de l'activité un mode de développement économique bien avant que l'économie circulaire s'impose comme mode de production en s'émancipant des structures de l'ESS. La raison de l'engouement pour l'économie circulaire -derrière la question est comment réduire l'empreinte matérielle de nos activités économiques et la production de nos déchets sans sacrifier la production des richesses économiques ? - tient au caractère attractif et œcuménique du récit utopique qui l'accompagne. Récit qui permet d'embarquer des acteurs aux intérêts aussi divergents que des grandes entreprises, des entrepreneurs sociaux, des acteurs de l'ESS et d'autres acteurs public[1] rendant le message de l'ESS inaudible.

B. La consécration légale de l'économie circulaire

Loin d'être définie clairement, l'économie circulaire est un concept flou en perpétuelle évolution présentée comme « la » solution aux problèmes écologiques tout en proposant de transformer le lien entre les activités économiques et les

---

[1] F. Aggeri, *L'économie circulaire, un modèle véritablement soutenable* ? Gazette de la société et des techniques, mars 2023, n°121, p.2. Boulanger s'est positionnée sur le recyclage de produits à forte valeur ajoutée comme le téléphone portable, par exemple, dans une démarche mercantiliste teintée de durabilité.

systèmes écologiques[1]. L'économie circulaire envisage la réduction de l'utilisation des ressources et des déchets tout en continuant à produire de la richesse économique[2]. Il s'agit de repenser le mode de production d'un produit. La reconnaissance légale de l'économie circulaire a permis à d'autres organisations issues du champ de l'économie conventionnelle de s'emparer de ce mode de production « dopées par la possibilité d'insérer dans les statuts une raison d'être »[3]. La consécration juridique de l'économie circulaire a contribué à légitimer la nécessité de changer de paradigme et de prendre conscience de la nécessité de l'urgence à rentrer dans la transition. Ce n'est pas un hasard si la consécration de l'économie circulaire a été réalisée peu de temps après l'adoption de la loi ESS.

Désormais, la poursuite d'un objectif de développement durable s'impose à toute forme d'entreprise contribuant à rendre le message des organisations relevant de l'ESS imperceptible car la circularité de l'activité n'est pas affichée comme l'intention première. En effet dans l'économie sociale et solidaire, l'objectif environnemental

---

[1]L. Wiart, N. Beford, *L'économie circulaire, cette notion en perpétuelle évolution*, Conversation.com., mai 2022 consulté le 10 novembre 2024 ; C. Lepage, *La loi anti-gaspillage et d'économie circulaire*, Rev. Dalloz, 2020, p.1289 *« L'économie circulaire en elle-même implique un changement de modèle de notre organisation économique. Il s'agit, en effet, de passer d'un modèle linéaire : matières premières/produits/déchets à un modèle circulaire : matières premières/produits/recyclage ou réutilisation de la matière première. Cela signifie donc que sont impactées les conditions de la production, de l'emballage, de la collecte des produits usagés, de leur réutilisation des déchets, de la matière première secondaire »*.

[2] A-L. Rebaud, *Economie circulaire et ESS : Complémentarités et synergies*, sous la direction de D. Stokkink, notes d'analyse, nov. 2016, p.7.

[3] S. Schiller, *Intérêt social environnemental, sociétés à raison d'être, sociétés à mission : des sociétés privées pour répondre aux défis de l'économie circulaire* ? RJE, 2022/1, vol.47, p. 17.

est souvent couplé à un objectif social, d'inclusion sociale ne le rendant pas forcément tangible. A cet égard, le groupe de travail sur les dix ans de l'application de la loi n°2014-856 du 31 juillet 2014 sous l'impulsion de certaines entreprises[1] préconise de délier les deux objectifs ou du moins, imposer qu'un objectif d'inclusion sociale ne puisse être admis que s'il concourt à produire un impact environnemental positif[2].

L'ESS et l'économie circulaire ne sont donc pas si éloignées que cela, elles partagent même des valeurs communes. La nécessité d'une transformation de la société civile face à l'urgence climatique notamment, aux inégalités peu importe leur origine obligent l'économie sociale et solidaire à repenser ses interactions avec l'économie circulaire afin qu'une société résiliente et plus juste ou post croissance selon la terminologie du Professeur Hiez se mette en place.

II. Le renforcement des interactions entre l'ESS et l'économie circulaire

L'ESS partage sans aucun doute une communauté de principes et de valeurs avec l'économie circulaire. La consécration de l'économie circulaire comme modèle économique alternatif l'a autonomisée par rapport à l'économie sociale et solidaire. Ainsi des entreprises de l'économie conventionnelle ont fait de l'économie circulaire leur modèle de production (A). Les synergies existantes entre ces deux économies nécessitent sans aucun doute d'être facilitées pour aboutir à la transformation, à la transition de la société vers une société plus résiliente (B).

---

[1] Terre de liens, l'UDES.

[2] Avis du conseil supérieur de l'économie sociale et solidaire sur la loi du 31 juillet 2014, 2023, p.32.

A. La circularité de l'activité au service de l'ESS

Le large champ d'activités couvert par l'ESS n'interdit pas d'envisager une circularité dans l'activité tout en y associant une finalité d'utilité sociale. La circularité de l'activité et l'inclusion sociale impliquent qu'elles viennent en complément l'une de l'autre sans se phagocyter. L'ESS n'est pas toujours visible aux yeux du public pour faire valoir toute sa légitimité[1]. Ainsi par exemple, dans le secteur du réemploi, Emmaüs a été pionnier mais des acteurs de l'économie classique se sont aussi emparés de ce domaine[2].

Il ne s'agit pas d'opposer des économies aux finalités différentes mais de former et d'informer sur leurs enjeux respectifs. D'un côté, les plateformes issues de l'ubérisation[3] génératrice de petits contrats et d'un autre côté, une activité aux finalités précises et strictement encadrée. La multiplicité des acteurs aux divers buts sans compréhension claire et précise des enjeux par le citoyen risque d'entraîner la disparition de l'aspect solidaire[4] de certaines activités comme celles de réemploi portées par l'ESS.

Le renforcement de l'interaction de l'ESS avec l'économie circulaire implique que la lutte contre les

---

[1] Emmaüs, ressourceries, Secours catholique, recycleries (…).

[2] Ministère de l'écologie, du développement durable et de l'énergie, *L'économie circulaire-Etat des lieux et perspectives*, novembre 2014, p.20, « *Les acteurs du réemploi relèvent de deux catégories, le secteur de l'économie sociale et solidaire (ESS - Emmaüs, Envie, entreprises d'insertion...) qui représente 30 % du chiffre d'affaires et 73 % de l'emploi, et le secteur de l'occasion (sites d'annonce, marché en ligne, revendeurs, dépôts-ventes, brocantes, journaux annonces*) ». Exemple, le bon coin, Vinted…

[3] N. Balat, *Ubérisation et économie circulaire*, RJE, 2022/1, vol. 47, pages 103.

[4] S. Pichot, *Une économie solidaire... et circulaire* ! Sociologie économique 2022, p.118.

inégalités sociales, environnementales soient un enjeu fondamental de leur corrélation tout comme la lutte contre les exclusions. A cet égard, les structures de l'ESS constituent un laboratoire pour de nouvelles pratiques citoyennes impulsant une économie circulaire en aval d'une production et consommation pléthorique[1].

La circularité de l'activité peut aussi contribuer à développer et renforcer l'emploi sur le territoire local où la main-d'œuvre est parfois peu qualifiée[2], en créant du lien social, en faisant la promotion des formes d'échanges équitables comme le commerce équitable et en participant à développer des productions plus soutenables tels que les circuits courts, les énergies renouvelables [3]. L'ancrage dans les territoires la coopération entre les différents acteurs, l'implication et la participation des parties prenantes au projet entrepreneurial sont une constante de ces deux économies. Comme innovateur social à travers de nouveaux services ou métiers, l'économie circulaire peut permettre aux structures de l'ESS de renforcer leur impact positif sur les territoires en sortant de sa « zone de confort » afin de renouveler ce qui constitue son « ADN »[4]. Les entreprises de l'ESS sont un catalyseur de transition auprès des autres entreprises notamment par leur ancrage territorial favorisant la prise en compte des enjeux climatiques et la transition à une échelle où l'action est réalisable[5].

L'ESS est souvent vue comme une économie subventionnée dépendant fortement des pouvoirs publics.

---

[1] A. Barthelemy, *L'ESS, laboratoire de la transition*, Rev. Projet, n°360, Oct.2017, p.50.

[2] Insertion par l'activité économique, le microcrédit.

[3] Rapport Frémeaux, *L'évaluation de l'apport de l'économie sociale et solidaire*, 2013, p.14.

[4] Ainsi par exemple dans le cadre de l'économie fonctionnelle, la SCIC Citiz dont l'activité est de l'auto partage.

[5] A. Barthelemy, article précité, p.53-54.

L'accès à de nouveaux financements[1] à travers des programmes dédiés à l'économie circulaire peut contribuer à modifier cette image. En outre, le fait de ne pas pouvoir accéder aux politiques de réductions fiscales, de crédits d'impôts, d'exonération de taxes qui financent largement l'économie conventionnelle[2] entrave son développement. La convergence d'enjeux entre ces deux économies participe à renouveler cette vision désuète du financement de l'ESS pour lui permettre d'accéder à des financements, qui jusque-là, lui étaient impossibles. L'ESS comme mode d'entreprendre et de développement économique se caractérise par un certain nombre de principes qui peuvent contribuer à la circularité de l'activité.

B. Les valeurs de l'ESS au service de la circularité de l'activité

Les principes fondamentaux de l'ESS comme la non-lucrativité, la gestion démocratique, la gestion a- capitaliste contribuent au développement de l'économie circulaire. L'économie sociale et solidaire est une économie qui s'ancre dans les territoires. Comme telle, elle contribue à une gestion plus efficace des ressources. Son implantation dans les territoires favorise l'innovation sociale, d'une part, parce qu'elle est souvent à son initiative et d'autre part, parce qu'elle a un rôle d'intermédiation contribuant à favoriser le réseau relationnel local et encourager les proximités entre les parties prenantes[3]. Par le biais de pratiques collaboratives et intimes, la circularité de

---

[1] A-L. Rebaud, article précité, p.8.

[2] E. Bidet, M. Filippi, *Economie sociale et solidaire, 10 ans après la loi, où en est-on* ? The conversation.com,30 juillet 2024, consulté le 26 octobre 2024.

[3]P. Muller, C. Tanguy, *Les organisations de l'ESS comme intermédiaire de l'innovation : leur apport et limite*, INNO 181.

l'activité peut donc être facilement essaimée sur un territoire et accélérer sa transition[1].

L'approche dominante de l'économie circulaire est celle d'une circularité faible qui consiste pour les acteurs économiques à optimiser les procédés et recycler les déchets en fin de vie, sans renoncer pour autant à leurs modèles d'affaires fondés sur la croissance des volumes[2]. La mise en application des principes de l'ESS peut contribuer à faire évoluer cette circularité faible vers une circularité forte dont la finalité n'est pas de réduire la production des richesses, mais de les générer autrement, en changeant en profondeur les modèles d'affaires et les modes de conception, en modifiant la nature des besoins des consommateurs[3]. Mais cette circularité forte, sobre en ressources implique que des choix politiques soient explicitement opérés sans compromis possible avec une croissance dite « verte »[4] fondée sur une course à l'innovation technologique et intensive en ressources[5].

L'ESS comme mode d'entreprendre et de développement économique fondés sur la durabilité et l'équité, offre à l'économie circulaire la possibilité de s'affirmer comme un véritable modèle économique. Un modèle dont les retombées positives s'étendent bien au-delà de l'environnement, en embrassant également les dimensions sociales et économiques. En effet, n'oublions pas que les structures de l'ESS, au-delà de l'affirmation des principes qui les singularisent, sont tributaires de contrôles dont dépend leur qualité d'entreprise sociale et solidaire. Il en est ainsi avec le mécanisme de la révision coopérative ou alors

---

[1] L. Rijpens, J. De Beys, *Tirer le meilleur parti de la contribution à l'économie sociale à l'économie circulaire, RECMA, avr.2022, p.187.*

[2] F. Aggeri, article précité, p.2.

[3] *Ibid.*

[4] Exemple véhicule électrique, éolienne en mer.

[5] F. Aggeri, article précité, p.4.

de l'agrément ESUS. Dès lors, la collaboration renforcée, la coopération étroite de l'ESS et de l'économie circulaire participeront sans aucun doute à l'avènement d'une société plus durable et plus juste.

Les coopératives de service public

par David Hiez
Professeur de droit privé
Université du Luxembourg
Département de droit

Il n'existe pas de définition de la coopérative de service public, alors même qu'elle donne lieu à d'importants débats et des revendications contradictoires[1]. De façon sommaire, il est possible de la définir comme une coopérative dont l'une des activités principales consiste dans la fourniture de services publics. Il apparaîtra toutefois très rapidement que le terme de coopérative doit être pris avec souplesse, non seulement parce que l'aptitude de la coopérative à mener une telle activité est discutée, mais aussi parce que des formes distinctes de la société coopérative mais d'inspiration coopérative sont fréquemment utilisées. La question est d'actualité à plusieurs titres.

D'abord, de façon générale, il existe un vent de revendication de contrôle local populaire sur des services publics (entendus largement). Aux Etats-Unis, le mouvement black lives matter a ravivé les courants abolitionnistes et les contrôles renforcés sur la police[2]. En Amérique latine, l'économie populaire s'est développée depuis plusieurs décennies[3] et Boaventura de Sousa Santos a bien montré l'inventivité juridique populaire qui en est le

---

[1]P.F. Andreani, *Cooperativas prestadoras de servicios públicos*, Buenos Aires: Astrea, 2017. M. Decok, Intergemeentelijke samenwerking, [Inter-municipal cooperation], Bruges, die Keure, 2023.

[2]B. E. Harcourt, *Cooperation: A Political, Economic.and Social Theory.,* Columbia Universiy Press, 2023.

[3]I. Hillenkamp, *L'approche latino-américaine de l'économie populaire, les inégalités et la pauvreté*, Revue de la régulation, n°6, 2009.

pendant[1]. En Italie, ce sont les *beni communi* qui ont cristallisé les débats juridiques dans cette direction et, si les travaux de la commission Rodotà n'ont pas abouti au plan législatif[2], ils ont inspiré de nombreuses expériences locales, en ce compris le recours aux coopératives. Le phénomène n'est pas inconnu du droit français, bien-sûr avec la consécration de la société coopérative d'intérêt collectif, mais d'autres institutions méritent d'être mises en avant. Qui plus est, la pensée coopérative française s'est illustrée avec les travaux de Bernard Lavergne sur les régies coopératives qui ont montré l'originalité des expériences coopératives dans la fourniture de service public. Par ailleurs, et de façon moins encourageante, la coopérative est aussi parfois envisagée comme solution de substitution aux pouvoirs publics pour procurer des services publics dans le contexte de leur désengagement économique[3]. Pour ces diverses raisons, il est apparu opportun de reprendre cette étude. L'extension du phénomène conduit à une multiplication de ses formes (I) et renforce les questionnements du droit coopératif (II). Ce sont ces deux axes qui vont être empruntés.

I. La reconnaissance positive de coopératives de service public.

Pour rendre compte de la réalité des coopératives de service public, il convient d'abord d'en étudier les modèles

---

[1]B. De Sousa Santos, *Vers un nouveau sens commun juridique.,* LGDJ, 2004.

[2]M. De Donno, J-B. Auby., *Communs dans le droit italien : les « beni comuni » et « patti di collaborazione* , chemins-publics.org, 26 avril 2021.

[3]International cooperative alliance, Guidance notes for the Co-operative principles, 2017, p.88. Au Royaume-Uni: L. Horton, O. Gay., Public Service Reform, Standard note : SN/PC/06011.

(A) avant de s'arrêter sur quelques réalités positives contemporaines (B).

A. Les modèles typiques

Quoique l'intitulé soit au pluriel, car le mettre au singulier aurait été discutable (Il est par exemple clair qu'on pourrait aujourd'hui étudier la SCIC à cette aune), ne sera ici envisagé qu'un seul modèle : la régie coopérative théorisée par Bernard Lavergne dans la première moitié du XXe siècle[1]. Cette recherche dense constitue en effet à la fois un vibrant plaidoyer il y a près d'un siècle pour une réalité que le monde semble redécouvrir et un modèle pour ceux qui s'y intéressent de nos jours[2]. Il est donc utile de retracer succinctement la genèse de leur construction théorique. Pour les situer dans l'ensemble du mouvement coopératif, Lavergne les distingue envisage parmi les coopératives de consommation, au sein desquelles il distingue les coopératives libres ou spontanées, correspondant aux seules coopératives de consommation[3] et les coopératives autorisées qui sont les régies coopératives. Ce sont des coopératives de consommation, car elles sont centrées sur les consommateurs des services qu'elles fournissent. Elles sont autorisées car leur existence ou leur fonctionnement dépend de l'initiative publique, que celle-ci prenne la forme de leur création ou de la mise à disposition de biens nécessaires au fonctionnement de

---

[1]B. Lavergne, *Les régies coopératives*, 1927, Librairie Félix Alcan. « *Le rapide essor des régies coopératives anglaises, spécialement de la régie coopérative des transports publics à Londres »,* revue des études coopératives, n° 63, 1937, p.177.

[2] Th. Perroud, *Services publics et communs La recherche du service public coopératif*, 2024, Le bord de l'eau, spéc. p.175 s.

[3] Loi ayant pour objet l'organisation du crédit aux sociétés coopératives de consommation, 7 mai 1917, JORF n°0126 du 9 mai 1917.

régies spontanées. Certaines conditions doivent toutefois être remplies pour être en présence de régie coopérative, à commencer par l'indépendance administrative et financière. Lavergne ne tarit pas de critiques à propos de l'intervention directe de l'état dans l'économie, qu'il juge économiquement inefficace. La régie coopérative apparaît donc comme une solution de bon sens.

Lavergne identifie cinq principes auxquelles les régies coopératives doivent se conformer : toute régie coopérative doit, au moins pour partie, sa création à une décision des pouvoirs publics ; elle doit jouir d'une complète autonomie commerciale et financière vis-à-vis des pouvoirs publics ; les membres de la coopérative doivent avoir la qualité d'usagers ; le principe de la porte ouverte s'applique ; et le profit est affecté à des ristournes remises aux clients ou aux réserves sociales. Les trois derniers principes sont authentiquement coopératifs, tandis que les deux premiers servent à situer la coopérative par rapport aux autres régies.

Car Lavergne prend également soin de situer la régie coopérative par rapport aux autres régies. Il distingue à cet effet parmi les régies celles qui sont intéressées et celles qui ne le sont pas. Parmi les premières, il classe les régies d'état ou municipales à but fiscal, c'est-à-dire les entreprises possédées par l'état pour se procurer un revenu, qu'il subdivise en régie directe et en office national industriel selon que la régie est directement propriété des pouvoirs publics ou qu'elle dispose d'une personnalité juridique tout en étant strictement contrôlée par eux. Mais les régies intéressées comprennent aussi la régie mixte à but lucratif, c'est-à-dire la société d'économie mixte, ainsi que la régie syndicaliste. Cette dernière, possédée par un syndicat, est intéressée puisqu'elle vise à procurer aux ouvriers membres du syndicat le profit le plus fort. A toutes ces figures, l'auteur oppose les régies désintéressées. Celles-ci comprennent la régie sociale, caractérisée par un but désintéressé mais avec une gestion publique et une faible influence des usagers. Les régies coopératives s'en séparent par la place réservée aux usagers, d'où découle l'application des trois principes coopératifs sus-évoqués.

La régie coopérative ne ressemble pas trait pour trait à la coopérative d'aujourd'hui, sans parler de la place qu'y occupe les pouvoirs publics. Il est par exemple patent que Lavergne ne se préoccupe pas à titre principal de son caractère démocratique, insistant bien plutôt sur le contrôle absolu que doivent avoir les membres, c'est-à-dire les usagers. Ce n'est toutefois pas tant une divergence par rapport aux autres coopératives, qu'une différence d'approche commune pour l'ensemble du droit coopératif de l'époque[1]. De l'époque, on retrouve aussi le prisme privilégié pour la coopérative de consommation, accompagnée d'une forte méfiance à l'égard des salariés porteurs d'intérêts corporatifs. En revanche, et les deux aspects ne sont pas étrangers l'un à l'autre, la notion d'usager est entendue largement ; les membres de la coopérative peuvent ainsi être des groupements d'usagers, par exemple des coopératives agricoles si les services de la régie coopérative profitent aux membres de la coopérative agricole.

Les réalisations qu'étudie Lavergne ne ressemblent toutefois pas beaucoup aux réalités contemporaines. Les traits essentiels sont profitables mais le détail est empreint des préoccupations et des considérations de l'époque, qui souvent ne sont plus les nôtres. Le modèle de Lavergne est inspirant, mais il n'est pas question de le plaquer sur les réalités contemporaines.

---

[1]L. Coutant, *L'évolution du droit coopératif de ses origines jusqu'à 1950*, éditions Matot-Braine, Paris, 1950.

B. Les réalités contemporaines

L'attention est particulièrement portée à cet égard sur la SCIC et cette attention est légitime. Sans du tout nier son importance et son intérêt, elle sera toutefois délaissée dans cette présentation, parce que la littérature qui lui est consacrée est abondante et qu'un article lui est déjà spécialement dédié dans ce volume. Il suffit de mentionner qu'elle est peut-être le modèle le plus abouti de coopérative de service public en droit français, puisqu'elle combine l'attachement au modèle coopératif et que dans le même temps elle est ouverte vers le service aux non-membres. Les réalités contemporaines seront donc scrutées en dehors de la SCIC et se concentreront sur trois réalités juridiques qui s'en rapprochent plus ou moins : les communautés d'énergie, les sociétés d'intérêt collectif agricole et les projets alimentaires territoriaux.

Par référence au droit européen[1], le droit français a créé deux nouvelles identités juridiques communautaires[2] relève que les collectivités publiques sont les grandes vainqueurs de la loi de 2023 : la communauté d'énergie renouvelable[3]

---

[1]Directive (UE) 2019/944 du Parlement européen et du conseil du 05 juin 2019 concernant des règles communes pour le marché intérieur de l'électricité et modifiant la directive 2012/27/UE, *J.O.C.E.*, n° L 158, 23 juin 2022, ELI : http://data.europa.eu/eli/dir/2019/944/2022-06-23 ; Directive (UE) 2019/692 du Parlement européen et du conseil du 17 avril 2019 concernant des règles communes pour le marché intérieur du gaz naturel, *J.O.C.E.,* n° L 117/1, 03 mai 2019, ELI : http://data.europa.eu/eli/dir/2019/692/oj ;
CRE (Commission de régulation de l'énergie), « Gaz et électricité, Cadre législatif », dernière mise à jour le 29.04.2020.

[2] K. Rodriguez, *Loi n° 2023-175 du 10 mars 2023 relative à l'accélération de la production d'énergies renouvelables : quoi de neuf pour les communautés énergétiques?,* JCP, E., 2023, act. 382. M. Lamoureux, *Droit de l'énergie*, 2e édition, LGDJ, 2022.

[3]Code de l'énergie, art. L.291-1 s.

et la communauté énergétique citoyenne[1]. Il n'est pas question d'en détailler ici la nature ou le fonctionnement, la seule question pertinente est de vérifier en quoi elles peuvent se rapprocher des coopératives de service public. Il suffit de rappeler que les deux communautés énergétiques citoyenne et d'énergie renouvelable ont quatre caractéristiques communes : une participation ouverte et volontaire, des avantages principalement environnementaux et à tout le moins distincts de la recherche du profit, l'adoption d'une forme juridique disposant de la personnalité morale, et une autonomie[2]. Inversement, deux traits les distinguent : d'un côté leur sociétariat n'est pas nécessairement identique, de l'autre l'exigence d'un contrôle local ne vaut que pour l'une d'entre elles. Ces traits sont fixés par la loi ; il est intéressant de relever les précisions apportées par le décret d'application[3], dans la mesure où elles révèlent les préoccupations du pouvoir exécutif, la loi ne précisant pas sur quels points le décret doit intervenir[4]. Or il s'agit, pour ce qui nous intéresse, de la précision de ce que recouvre l'exigence d'autonomie[5], et la délimitation de l'ancrage territorial de la communauté d'énergie renouvelable[6]. Par ailleurs, mais ce point ne provient pas du pouvoir exécutif mais de la volonté de la commission de régulation de

---

[1] Code de l'énergie, art. L.292-1 s.

[2]D. Hiez, *La communauté d'énergie : un groupement d'économie sociale et solidaire*? , RTDcom., 2022, pp. 603-612.

[3]Décret n°2023-1287 du 26 décembre 2023 relatif aux communautés d'énergie, JORF n°0300 du 28 décembre 2023.

B. Lormeteau H. Collin Hardy, Point *d'étape pour le cadre juridique des communautés d'énergie : contrôle effectif, autonomie, proximité et droits du consommateur*, Énergie – Environnement – Infrastructures : actualité, pratiques et enjeux, 2024.

[4] Code de l'énergie, art. L.293-4.

[5] Code de l'énergie, art. D.291-1 et D.292-1.

[6]Code de l'énergie, art. D.291-2.

l'énergie[1], les membres des communautés peuvent quitter la communauté de la même manière que les clients leur fournisseur d'électricité ou de gaz naturel, par renvoi au code de la consommation.

Plusieurs observations peuvent être faites par rapport à la coopérative de service public. D'abord, si proximité il y a, elle doit être substantielle puisque ces communautés ne sont pas tenues d'adopter la forme de coopérative. Certains aspects l'en rapprochent toutefois, particulièrement la participation ouverte et volontaire. En effet, celle-ci se trouve principalement dans la déclaration sur l'identité coopérative énoncée par l'alliance coopérative internationale[2] : le premier principe affirmé est l'adhésion libre et ouverte. Cela correspond à ce qu'on nomme le principe de la porte ouverte[3]. Cette exigence conduit d'ailleurs sans doute à restreindre les formes juridiques utilisables puisque celles-ci doivent permettre une variabilité aisée des membres de la coopérative. Cette variabilité ne doit toutefois pas être confondue avec la volatilité introduite par le décret de 2023 et il est permis de se demander comment le départ d'un membre sera concrètement gérée dans ses relations avec la personne morale autres que la fourniture d'énergie. Il est patent de constater que l'autonomie déclinée par le décret d'application est conçue au regard des entreprises susceptibles d'être impliquées directement ou indirectement dans la communauté ; autrement dit, la préoccupation ne se porte pas sur l'autonomie par rapport aux pouvoirs publics. Ce faisant, tandis que les communautés d'énergie ont pu être prises comme exemple

---

[1] CRE, délib. n° 2022-196, 30 juin 2022, portant avis sur le projet de décret relatif aux communautés d'énergie.

[2] Déclaration sur l'identité coopérative, https://www.ica.coop/fr/coopératives/identite-cooperative.

[3] L. Coutant, *op.cit.*, spéc. pp. 199 s.

de recul de l'implication des collectivités territoriales[1] le positionnement de l'autonomie exclusivement au regard des entreprises semble au contraire conforter l'analyse qui voit dans la transposition française du droit européen un instrument calibré pour les collectivités territoriales[2].

La société d'intérêt coopératif agricole a été conçue, en complémentarité des sociétés coopératives agricoles, dans les hypothèses où ces sociétés avaient pour objet la mise en place de services qui, par leur nature, n'avaient pas vocation à être réservés aux agriculteurs : voies ferrées, abattoir régional[3], la construction d'entrepôts frigorifiques, ou de logements hygiéniques destinés à des ouvriers ruraux, des réseaux électriques[4]. Il en résulte que dès 1920, la société d'intérêt coopératif agricole se distinguait était reconnue[5], mais il fallut attendre les textes réglementaires d'application pour que soit consacrée formellement la différence principale avec la coopérative agricole: la possibilité d'avoir des relations économiques avec des tiers non coopérateurs, qui plus est pas nécessairement agriculteurs, avec pour contrepartie de devoir mettre en réserve impartageable les profits pouvant résulter de ces activités[6]. Les SICA n'ont plus l'importance qu'on leur

---

[1] M. Cirotteau, *La transition énergétique saisie par le droit : vers un nouveau droit public économique de l'énergie ?* JCP, A, 2025, 2016.
[2] C. Lacombe, *La communauté d'énergie Une transposition au profit des seules collectivités territoriales* ?, AJDA ,2024, pp. 1997.
[3] J. Rozier, *Les sociétés d'intérêt collectif agricole (SICA)*, 1965, LITEC, n°42.
[4]J. Rozier, op.cit., n°43.
[5] Loi 5 août 1920, art. 22 : 4° « *Les sociétés agricoles ayant pour objet soit de procéder à la fabrication de toutes matières, de tous produits ou instruments utiles à l'agriculture, à l'exécution do travaux agricoles d'intérêt collectif, soit de doter une région ou une agglomération rurale d'installations modernes d'intérêt collectif* ».
[6] Décret-loi du 9 fév. 1921 relatif à l'application de la loi du 5 août 1920 sur le crédit mutuel et la coopération agricole, arts. 19, 20.

prêtait et leur histoire juridique peut être négligée[1] pour concentrer l'attention sur son régime actuel, avec pour principale réalisation les sociétés d'intérêt collectif agricole d'électricité[2] ne les mentionne même pas, alors qu'elles fournissent de l'électricité dans plus de mille communes[3].

Même si la SICA ne relève pas de l'ensemble du droit coopératif, au point que le spécialiste de la matière parle à leur propos de « société d'esprit coopératif »[4], la loi la qualifie aujourd'hui expressément de société coopérative régie par la loi de 1947[5]. Plusieurs règles coopératives importantes lui sont toutefois inapplicables : l'exclusivisme, l'égalité des droits des coopérateurs, le vote par tête, les parts à avantages particuliers et à intérêt prioritaire, la possibilité d'incorporer les réserves et la réduction de moitié du capital social lorsqu'elle revêt la forme de société anonyme. Elle a pour « objet de créer ou de gérer des installations et équipements ou d'assurer des services soit dans l'intérêt des agriculteurs d'une région rurale déterminée, soit de façon plus générale dans celui des habitants de cette région sans distinction professionnelle »[6]. La SICA peut opter pour la forme de société civile, de société par actions ou de société à responsabilité limitée[7]; elle est nécessairement à capital variable lorsque son activité concerne l'électrification rurale, l'habitat rural, les adductions d'eau, ainsi que l'activité qui intéressent l'ensemble de la population d'une zone rurale, cette dernière

[1] J. Rozier, op.cit., ns° 36 s.

[2] Il est tristement significatif à cet égard que le manuel de droit de l'énergie (M. Lamoureux, *Droit de l'énergie*, 2e édition, LGDJ, 2022) n'en fasse même pas état.

[3] https://www.fnsicae.asso.fr/fnsicae/aujourdhui/.

[4] J. Rozier, op.cit., n°85.

[5] Code rural, art. L.531-1 al. 3.

[6] Code rural, art. L.531-1 al. 2.

[7] Code rural, art. L.531-1 al. 1.

catégorie devant être précisé par arrêté ministériel[1]. Son sociétariat est limité aux agriculteurs, aux groupements pouvant s'affilier aux caisses de crédit agricole mutuel ainsi qu'aux personnes dont l'activité est de nature à faciliter la réalisation de l'objet de la société[2]. Les sociétaires ne sont tenues d'utiliser les services de la coopérative que si cette obligation est prévue par les statuts[3]. Les agriculteurs et les groupements pouvant s'affilier aux caisses de crédit agricole doivent à tout moment disposer ensemble la majorité des voix à l'assemblée générale[4]. A l'exception des SICA soumises aux prescriptions d'un cahier des charges, parmi lesquelles se trouvent les SICAE, les SICA doivent réaliser la moitié de leur chiffre d'affaires ou du volume de leurs opérations avec des sociétaires ayant la qualité d'agriculteurs ou de groupements pouvant s'affilier aux caisses de crédit agricole mutuel[5]. Toutefois, pour les SICA tenues d'être à capital variable, est prise en compte l'activité réalisée avec les non sociétaires agriculteurs ou groupements pouvant s'affilier aux caisses de crédit agricole[6]. La rémunération du capital est limitée conformément au droit coopératif[7], mais les SICA peuvent répartir entre leurs sociétaires les dividendes qu'elles touchent de leurs filiales[8]. Elles recourent au mécanisme coopératif de la ristourne[9]. Outre l'obligation coopérative traditionnelle de mise en réserve, elles doivent constituer deux réserves additionnelles : l'une pour les bénéfices provenant d'opérations effectuées avec des non-sociétaires,

---

[1] Code rural, art. R.531-2.
[2] Code rural., art. R.531-5.
[3] Code rural, art.532-1.
[4]Code rural, art. R.532-3.
[5] Code rural, art. R.532-4 al. 1.
[6] Code rural, art. R.532-4 al. 2.
[7] Code rural, art. R.533-1 al. 1.
[8] Code rural, art. L.533-1.
[9] Code rural, art. R.533-1 al. 2.

l'autre[1] pour les aides de l'Etat et des collectivités publiques[2]. La sortie du statut de SICA est soumise à autorisation ministérielle, sauf pour sa transformation en coopérative agricole[3] et son boni de liquidation est réparti entre les sociétaires à l'exception des deux réserves spéciales susmentionnées[4].

La SICA qui correspond à une coopérative de service public est celle qui a pour activité l'électrification rurale, l'habitat rural, les adductions d'eau, ainsi que l'activité qui intéressent l'ensemble de la population d'une zone rurale. Les autres sont un instrument réservé aux agriculteurs et il est permis de présumer qu'elles n'ont pas d'activité de service public. Leur fonctionnement n'est en revanche pas impérativement démocratique. En outre, comme l'indique d'ailleurs leur dénomination, les SICA demeurent marqués par le monde agricole au point que celui-ci doit être leur bénéficiaire principal et majoritaire en droits de vote. L'implantation rurale des SICA et la domination agricole du monde rural au moment des premières réglementations explique à suffisance la solution passée, il est permis de se demander si elle est toujours adaptée à la situation présente.

L'étendue de la catégorie de coopérative de service public est discutable, non seulement au regard de sa définition substantielle, mais aussi par rapport au degré de formalisation ; les PAT en fournissent un bon exemple. Créés en 2014[5], les PAT se sont fortement développés ces dernières années : 440 PAT étaient reconnus par le ministère en juillet 2024[6] et la littérature qui leur est

---

[1] Nommée Réserve des charges complémentaires de liquidation.

[2] Code rural, art. R.533-1 al. 3.

[3] Code rural, art. R.534-1.

[4] Code rural, art. R.534-2.

[5]Loi n° 2014-1170 du 13 oct. 2014 : JO 14 oct. 2014.

[6] https://agriculture.gouv.fr/projets-alimentaires-territoriaux-reconnus-par-le-ministere.

consacrée se développe[1]. Or leur caractéristique principale est de susciter la coopération entre acteurs locaux, voire entre PAT eux-mêmes[2]comme une sorte d'inter-coopération. Il est donc permis de se demander s'ils ne sont pas une sorte de coopérative de service public.

L'article L.111-2-2 du code rural en fixe les traits essentiels. Leur objet est la « structuration de l'économie agricole » et la « mise en œuvre d'un système alimentaire territorial »[3]. Leurs membres potentiels sont « l'ensemble des acteurs d'un territoire »[4] et notamment l'État et ses établissements publics, les collectivités territoriales, les associations, les groupements d'intérêt économique et environnemental, les agriculteurs[5]. Lorsqu'ils œuvrent pour la consolidation des filières territorialisées, ils peuvent associer la chambre d'agriculture[6]. En revanche, ces plans sont très informels, n'ont pas la personnalité juridique et ne sont formalisés que sous la forme d'un contrat entre les partenaires engagés[7]. Pour dire les choses autrement, les PAT sont des projets plus politiques que juridique[8].

---

[1] T. Bréger, *Un processus à encourager : la démocratie alimentaire locale* , in R.-J. Aubin-Brouté et B. Grimonprez (dir.), *La relocalisation des systèmes alimentaires: un défi pour le droit*, PUJP, Actes & Colloques, 2021, pp. 27-36. H. Bosse-Platière, *Imaginer une politique foncière de relocalisation du système alimentaire*, in R.-J. Aubin-Brouté et B. Grimonprez (dir.), op.cit., pp. 45-62. M. Banzo, S. Bonnefoy et C. Margetic (dir.), *Les projets alimentaires territoriaux. Vers des actions collectives*, éditions Quae, 2024.

[2] Rapport final recherche-action coopération, Projet alimentaire territorial, 2e Plan d'Action, Interpat, Octobre 2024.

[3] Code rural, art. L.111-2-2 al. 1.

[4] Code rural, art. L.111-2-2 al. 1.

[5] Sur l'implication des agriculteurs : H. Douence, Exploitants *agricoles et développement territorial : les projets alimentaires territoriaux comme levier de participation ?*, Rev.dr. rur., n°30, 6, juin 2024.

[6] Code rural, art. D.511-1-1.

[7] Code rural, art. L.111-2-2 al. 2.

[8] L. Bodiguel, *Pour un renouveau des projets alimentaires territoriaux*, Rev. dr. rur, 2024, 2, pp. 30-36.

II. Le questionnement des principes coopératifs par les coopératives de service public

Le présupposé de cet article est que les coopératives de service public sont des coopératives. Or ceci requiert d'être discuté de façon approfondie, d'abord au regard de la définition de la coopérative (A), mais aussi ensuite au regard des conséquences techniques qui découlent de cette définition (B).

A. La définition

Le premier questionnement que posent les coopératives de service public au droit coopératif est celui de sa définition et la comparaison de l'objet général fixé par la loi de 1947 avec celui de la SCIC l'illustre parfaitement. Tandis que la coopérative a pour objet « de satisfaire à leurs besoins économiques ou sociaux par leur effort commun et la mise en place des moyens nécessaires »[1], la SCIC a elle pour objet spécifique « la production ou la fourniture de biens et de services d'intérêt collectif, qui présentent un caractère d'utilité sociale »[2]. Rien n'indique que cette production de biens et services soit destinée aux membres de la coopérative et, au contraire, l'absence totale de soumission à l'exclusivisme pour la SCIC[3] conforte l'idée qu'elle n'a pas cette vocation. En d'autres termes, il est permis de se demander si la SCIC est bien une coopérative ou, pour ne pas tomber dans un essentialisme peu conforme à notre positivisme juridique, si sa qualification n'est pas par pure détermination de la loi, en contrariété à sa substance. La comparaison avec les standards

[1]Loi n°47-1775 du 10 sept. 1947, art. 1 al. 1.
[2]Loi n°47-1775 du 10 sept. 1947, art. 19 quinquies al. 2.
[3] Loi n°47-1775 du 10 sept. 1947, art. 19 sexies.

internationaux n'est pas plus rassurante, puisque l'ACI définit la coopérative comme par référence à des « personnes volontairement réunies pour satisfaire leurs aspirations et besoins économiques, sociaux et culturels communs »[1].

Et pourtant, elle tourne. La question n'est pas typiquement française mais se retrouve dans de nombreux autres pays qui connaissent aussi des coopératives semblables : Portugal, Espagne, Italie, Québec… Cette question s'est posée frontalement lorsqu'il s'est agi d'établir des principes européens communs pour les coopératives[2]. Les oppositions ont été fortes parmi les rédacteurs et un consensus difficile à trouver. La version finale des principes fait apparaître une définition assez classique de la coopérative établie principalement dans l'intérêt de ses membres[3]. Un paragraphe distinct précise toutefois que les coopératives peuvent aussi être établies pour poursuivre une activité économique principalement dans l'intérêt de la communauté[4]. L'articulation des deux sortes de coopératives n'est pas très claire et déjà l'idée d'un continuum transparaît puisque chacune des deux définitions inclut l'adverbe « principalement » pour signifier que son objet peut être plus nuancé : la coopérative classique peut avoir à titre non principal en vue l'intérêt de

---

[1]ACI, Déclaration sur l'identité coopérative, 1995.

[2] G. Fajardo Garcia, A. Fici, H. Henrÿ, D. Hiez, D. A. Meira, H. Muenker, I. Snaith., *Principles of European Cooperative Law*, Intersentia, 2017.

[3]Principles of European cooperative law, art. 1 (1), in A. Fici and al. (ed.), op.cit.: Cooperatives are legal persons governed by private law that carry on any economic activity without profit as the ultimate purpose and mainly in the interest of their members, as consumers, providers or workers of the cooperative enterprise.

Principles of European cooperative law, art. 1 (4), in A. Fici and al. (ed.), op.cit.: Cooperatives may also be established to carry on an economic activity mainly in the general interest of the community ('general interest cooperatives').

la communauté par exemple. Il est toutefois permis de se demander si cette inclusion de l'intérêt de la communauté est optionnelle ou s'il ne doit pas plutôt y figurer nécessairement. C'est en tous cas ce vers quoi tend le septième principe de l'alliance coopérative internationale, à savoir l'« engagement envers la communauté: les coopératives œuvrent au développement durable de leur collectivité en appliquant des politiques approuvées par leurs membres »[1].

L'histoire de la coopérative et du droit coopératif serait en ce sens celle d'un divorce progressif sous le coup de la spécialisation formaliste du droit : tandis que les premières expériences coopératives contenaient une recherche de la satisfaction des services collectifs[2], la consécration légale et la distinction de diverses formes juridiques de groupement ont artificiellement réduit leur objet, à commencer par la coopérative. L'unité de la définition de la coopérative a été recherchée, sur la base de ce raisonnement, dans la loi coopérative utopique[3]. Son article 1 vise comme objet « satisfaire par l'effort commun de ses membres durablement leurs besoins économiques ou sociaux ou ceux de la communauté »[4]. L'unité n'est pas totale puisque la conjonction « ou » permet de concevoir deux sortes distinctes de coopératives, mais elle oriente tout de même vers une essence commune. Elle autorise en tous cas la subsomption des coopératives de service public qui, à coup sûr, poursuivent la satisfaction des besoins de la communauté. Cette extension conceptuelle ne résout

---

[1] ACI, Déclaration sur l'identité coopérative.

[2] T. Perroud, op.cit., pp.175 s.

[3] Cette loi est le produit d'un travail purement doctrinal réalisé sur plusieurs années à la fin des années 2010 par des spécialistes du droit coopératif, praticiens et universitaires : https://orbilu.uni.lu/bitstream/10993/46019/1/2685-Texto%20del%20artículo-6253-1-10-20190517.pdf.

[4] Loi coopérative utopique, art. 1.

toutefois pas par principe les difficultés techniques concrètes qui se posent.

B. Conséquences techniques

La première question pratique qui se pose est celle de la composition du sociétariat, ce qui se double immédiatement de celle de la nature des relations qui se nouent entre chacun des membres et la coopérative. En effet, deux traits classiques de la coopérative sont bousculés : l'unicité de l'identité des membres et la réservation à ceux-ci des services de la coopérative.

Envisagée sous l'angle du sociétariat, la question se dédouble entre la question du multi-sociétariat et celle de la porte ouverte, voire de l'adhésion obligatoire. La question du multi-sociétariat n'est à première vue pas trop difficile à surmonter car l'ouverture à de nouveaux acteurs est par principe enrichissante. Les choses sont en réalité moins simples, puisque le sociétariat monotypé s'explique par la nécessité d'un besoin commun à satisfaire[1]. Or cette exigence ne doit pas s'analyser comme la marque d'un repli sur soi ou d'un égoïsme mais comme la nature émancipatrice de la coopérative pour ses membres, le self-help, par opposition à la philanthropie. L'extension de la définition de l'objet de la coopérative est de nature à justifier l'ouverture du sociétariat. En effet, si les besoins à satisfaire sont ceux de la communauté, il devient légitime que la diversité des membres de la communauté intègre la coopérative : derrière les différences qui existent entre les catégories de membres, ils ont tous en commun

---

[1] L'acte uniforme OHADA sur la société coopérative exige ainsi que les coopérateurs soient unis par un lien commun : AUSCoop, 15 déc. 2010, art. 8.

d'appartenir à la communauté dont la coopérative recherche la satisfaction des besoins.

L'identité de la coopérative sociale italienne, grand acteur de l'évolution des coopératives dans la direction que nous étudions, s'inscrit parfaitement dans cette analyse. Une étude portant un regard rétrospectif sur cette innovation la décrit ainsi : « Le projet qui se précisait était celui de se présenter comme de nouvelles organisations capables, à travers une forme d'autogestion, d'offrir aux communautés locales la possibilité de répondre à leurs propres besoins sociaux »[1]. Les auteurs parlent de coopérative communautaire, pour bien montrer que la coopérative embarque la communauté, dans le respect de sa tradition émancipatrice. Depuis, l'Italie a poursuivi dans cette voie, dans le prolongement de l'intérêt sus-évoqué pour les communs. Si une législation nationale n'a pas encore vu le jour, les législations régionales se sont multipliées sur les coopératives communautaires[2]. Ces coopératives communautaires sont des entreprises capables de promouvoir le développement durable et intégré des communautés locales, en particulier des communes ou parties de leur territoire menacées de dépeuplement, de déclin économique ou de détresse sociale. En collaboration avec les communautés territoriales qui les soutiennent, en leur transmettant par exemple des lieux à restaurer, ces coopératives se sont d'abord développées dans les zones

---

[1] F. Scalvini et E. Pezzini, *Trente ans de la loi italienne sur les coopératives sociales : une histoire de succès inachevée*, RECMA, n° 366, 2022, p. 105.

[2]F. V. Della Croce, *Cooperative di comunità: la legislazione regionale vigente e la prospettiva di una normativa generale,* AIC, 4/2021, 6 juin 2021. G. Teneggi, *La cooperativa di comunità: un circolo virtuoso per il territorio*. Confcooperative Emilia Romagna, 2019.
Consiglio Regionale del Trentino – Alto Adige Regionalrat Trentino – Südtirol., Relazione Al Disegno Di Legge., Disposizioni in materia di cooperative di communità., N. 40, 2021.

rurales déshéritées mais elles commencent à investir des zones urbaines. Leurs activités principales sont environnementales, culturelles, mais aussi commerciales. Ces activités ne sont pas réservées à leurs membres mais orientées vers la communauté, avec pour caractère que ses retombées sont peut-être avant tout la contribution au lien social local.

A propos du sociétariat, la porte ouverte est elle aussi questionnée, ou plutôt son encadrement, quoiqu'il soit finalement garanti par la liberté d'association[1]. Il est admis que, dans certaines coopératives, le principe devait être nuancé afin de garantir que tous les membres de la coopérative soient animés du même désir de coopérer. Il est certain que l'orientation des coopératives de service public vers la communauté est rebelle à une telle restriction : si tous les membres de la communauté ont vocation à bénéficier du service public en question et si le fondement de la coopérative est le self-help, il ne doit pas être mis d'obstacle à leur entrée dans la coopérative. Mais l'interrogation doit être prolongée et il faut se demander si le principe de libre adhésion doit être totalement respecté[2]. En effet, si tous les membres d'une communauté bénéficient du service presté par la coopérative, il peut être défendu que tous doivent en devenir membres, précisément pour les obliger à participer à l'émancipation collective à travers les décisions relatives aux services concernés.

Par-delà les hésitations liées au principe d'adhésion volontaire, la poursuite de l'idéal coopératif de la superposition parfaite des statuts de membre et de bénéficiaire des services est certainement illusoire dans ce

---

[1] ECHR, 3rd of December 2015, Mytilinaois et Kostzkis V. Greece, no. 29389/11.

[2]D. Hiez, *Voluntary membership: up to which point do cooperatives support liberalism*?, International journal of cooperative law, 2019, issue 2, p. 8.

type de coopératives. Plusieurs obstacles apparaissent en effet. Le plus évident consiste dans l'existence de personnes bénéficiaires qui ne pourraient pas juridiquement intégrer la coopérative : on pense naturellement aux enfants ou aux adultes incapables de manifester une volonté, mais il faut y ajouter les bénéficiaires de services ponctuels qui n'ont pas de lien assez fort avec le service pour être intégrés à la coopérative. Par ailleurs, si la communauté est étendue, l'inclusion de tous les membres de la communauté à la coopérative peut ne pas être très opératoire.

C'est ici que la superposition parfaite des qualités de membre de la coopérative et de bénéficiaire des services peut être discutée. Cette exigence repose sur l'application mécanique d'une expérience coopérative qui présente certains traits différents de ceux de la coopérative de service public et il est permis d'envisager des adaptations du modèle. Si une telle coopérative est communautaire, cela signifie que l'émancipation recherchée est aussi celle de la communauté. Et si l'émancipation individuelle de chacune et chacun ne doit pas être négligée, elle peut prendre d'autres formes. Il est possible par exemple que des membres de la communauté s'engagent individuellement dans des associations de défense et que cette association intègre la coopérative. La présence de collectivités publiques locales peut aussi, dans une certaine mesure, être le porte-voix de certains membres de la communauté. C'est exactement ce que visait Lavergne pour les régies coopératives.

En résumé, le sociétariat des coopératives de service public présente certaines différences par rapport à la présentation traditionnelle des coopérateurs. Pour autant, ces différences ne violent pas les principes coopératifs mais adaptent leur mise en œuvre eu égard à la configuration particulière de ces coopératives. Il est d'ailleurs certain que les adaptations ainsi réalisées nourrissent les réflexions sur les coopératives et il est possible qu'elles en permettent le renouvellement au profit des coopératives davantage centrées sur leurs membres. Mais les perturbations sur la doctrine coopérative ne s'arrêtent pas là ; il faut ainsi envisager la nature des relations entre les coopérateurs et la coopérative, ce qui touche au final la notion de transaction coopérative.

La transaction coopérative n'a pas été approfondie dans la loi de 1947 qui, dès son origine et encore aujourd'hui, ne parle que de « admettre à bénéficier de leurs activités »[1]. La solution de fond a changé puisque depuis 2014 les coopératives sont par principe autorisées à réaliser des opérations avec les tiers non coopérateurs à hauteur de 20% de leur chiffre d'affaires, alors que cela leur était auparavant interdit. En revanche les activités ou services concernés n'étaient pas pensés. Pourtant, la coopérative n'a jamais vécu en autarcie : la coopérative de commerçants qui acquiert un terrain pour y construire un entrepôt n'est pas considérée comme réalisant une opération avec un tiers. Il est vrai qu'à proprement parler il ne s'agit pas de sa part de faire bénéficier de ses services ou activités, mais les contours en sont flous. L'admission de 20% d'activités avec les tiers a conduit à l'édiction de règles comptables et d'une obligation de mise en réserve impartageable particulière et ceci a donné lieu à une précision : les règles nouvelles concernent « les opérations de même nature que celles effectuées directement par la coopérative avec ses sociétaires dans le cadre de son objet statutaire »[2]. Telles sont les transactions coopératives, caractéristiques de la

[1]Loi n°47-1775 du 10 sept. 1947, art. 3 al. 1. En 1947, le texte parlait de « services » au lieu d'activités.

[2]Décret n°2015-594 du 1er juin 2015 relatif aux conditions dans lesquelles les coopératives peuvent prévoir dans leurs statuts d'admettre des tiers non sociétaires à bénéficier de leurs activités, JORF n°0126, 3 juin 2015, art. 1 al. 1.

relation entre la coopérative et chaque coopérateur, en même temps que la raison d'être de l'adhésion du coopérateur.

Or les coopératives de service public présentent habituellement une figure totalement différente, comme l'illustre parfaitement la SCIC : « Les tiers non sociétaires peuvent bénéficier des produits et services de la société coopérative d'intérêt collectif »[1]. L'objet de la SCIC n'étant plus de rendre des services à ses membres mais à la communauté, il est logique que tous les membres de cette communauté en soient les potentiels bénéficiaires, sans égard à leur qualité de coopérateur. Ceci soulève cependant une question délicate : que reste-t-il de la relation particulière entre la coopérative et chaque coopérateur qui opérerait une distinction entre coopérateurs et non-coopérateurs ? C'est sans doute ici que la nature coopérative des coopératives de service public est la plus délicate à établir. Une tentation doit immédiatement être écartée : attacher à la qualité de membre la participation à la direction de la coopérative ; cet attachement n'est pas faux en lui-même, mais il ne rend pas compte de la nature du lien coopératif, sauf à ravaler la coopérative à une organisation non-lucrative à fonctionnement démocratique. Or la coopérative est plus que cela, elle trouve son essence dans la recherche de l'émancipation, ce qui est incompatible avec la figure de membres faisant vivre une organisation qui rendrait des services aux non-membres. En nous inspirant de l'expérience italienne, nous proposons de parler de coopérative communautaire[2] et peut-être peut-on trouver une clef dans cette expression. Le cœur de l'entreprise ne serait plus la coopérative mais la communauté ; la coopérative ne serait plus qu'un lieu

---

[1]Loi n°47-1775 du 10 sept. 1947, art. 19 sexies.

[2] Elle est parfois désignée comme coopérative de territoire : https://www.coopdicomunita.eu/?lang=fr.

particulier, parmi d'autres, de contribution à la satisfaction des besoins de la communauté. Dans cette configuration, l'attention ne peut être portée sur les membres de la coopérative mais sur les membres de la communauté : il ne serait plus pertinent d'affirmer que les tiers non-coopérateurs peuvent bénéficier des services de la coopérative, quoique ça soit exact ; il faudrait peut-être mettre en avant que les services de la coopérative soient réservés aux membres de la communauté, ce qui serait à rebours de l'orientation prise par la SCIC il faut le reconnaître. La question n'est pas inconnue du droit coopératif et les coopératives agricoles ont, jusqu'au décret du 31 juillet 2012[1], dû indiquer leur circonscription d'activité dans leur demande d'immatriculation[2]. Cette indication se retrouve toutefois dans la procédure d'agrément[3] et elle subsiste pour la détermination des associés coopérateurs[4]. Les services publics fournis par la coopérative sont variés et les communautés qu'elles concernent aussi ; il n'est donc pas requis que la circonscription soit étroite. Qui plus est, la communauté peut se définir par des critères autres que géographiques. Il n'en demeure pas moins que cette orientation soulève la question de la fermeture de la communauté, étant entendu que la modération du principe d'exclusivisme[5] offre un début de réponse en n'exigeant pas une fermeture totale.

Cette réflexion sur le sociétariat et les relations entre les coopérateurs et la coopérative ne peuvent manquer d'avoir une influence sur la répartition du pouvoir dans la coopérative et sur les droits financiers. S'agissant de la

---

[1] Décret n°2012-928 du 31 juil. 2012, art. 21.

[2] Code rural, art. R.521-9.

[3] D. Hiez, *Sociétés coopératives Création Organisation Fonctionnement*, 3e éd., Dalloz, 2023, spéc. n°232.21.

[4] D. Hiez, op.cit., ns°111.52 111.54.

[5] Loi n°47-1775 du 10 sept. 1947, art. 3.

répartition du pouvoir d'abord, la SCIC offre un très bon point de départ pour réfléchir à l'équilibre à trouver entre le respect du principe démocratique et les particularités induites par le multi-sociétariat. Il est bien connu que le principe phare de la gouvernance démocratique en matière coopérative est le vote par tête, même s'il est loin de la résumer[1]. Or même dans les coopératives monotypées, le vote par tête est nuancé : non seulement à propos des unions pour tenir compte de l'inégal poids des coopératives membres et la nécessité d'assurer l'égal traitement des coopérateurs de base[2], mais aussi de façon plus dérogatoire quoique limitée dans la coopération agricole[3]. La SCIC est allée beaucoup plus loin, pour tenir compte du multi-sociétariat en prévoyant un système de collège[4]. L'équilibre consiste à admettre l'organisation en collège pour tenir compte de la diversité des membres, tout en maintenant l'égalité de vote de tous les membres au sein des collèges. Mais plusieurs précisions doivent être faites pour prendre la mesure de l'organisation. D'abord, les collèges n'ont pas une existence propre, ils ne sont qu'un mode de comptabilisation des votes de l'assemblée générale ; ceci a pour but de ne pas faire du collège un mode de structuration de la vie coopérative. Ensuite, il n'y a pas d'équivalence nécessaire entre les collèges et les catégories d'associés, le texte exigeant seulement que la composition des collèges soit liée à la participation à l'activité ou à la contribution au

---

[1] D. Hiez, *Le principe démocratique en droit coopératif : des dangers d'une connaissance superficielle*, AJ Contrats d'Affaires, 2020, p.408-415.

[2] Loi n°47-1775 du 10 sept. 1947, art. 9.

[3] Code rural, art. L.524-4.

[4] Loi n°47-1775, 10 sept. 1947, art. 19 octies. ; D. Plantamp, *La société coopérative d'intérêt collectif et les principes généraux du droit coopératif*, RTDcom., 2005, 465. CG SCOP, Guide juridique des SCIC, 2021, spéc. pp. 81 s.

développement de la coopérative[1]; il est fréquent par exemple qu'il existe un collège des fondateurs. Ensuite, la loi apporte quelques garanties au principe démocratique : non seulement les collèges ont un poids égal sauf stipulation statutaire contraire[2], mais en outre aucun collège ne peut être majoritaire à l'assemblée[3]. Pourtant, des dérives sont observables. D'abord, la prohibition des collèges majoritaires est contournée par la création de collèges proches ou fictivement différents et une entente des deux collèges assure le contrôle de la coopérative ; il n'est pas sûr que tous les montages soient incontestables, mais il n'existe pas de contentieux à notre connaissance. Sans aller jusqu'à ces excès, l'existence de collèges conduit à exacerber les intérêts catégoriels et fragilise le processus d'élaboration d'un projet coopératif commun.

L'exemple italien manifeste une autre difficulté, voire une autre manière d'appréhender l'originalité de la coopérative de service public. En l'absence de législation nationale, les règlements régionaux qui sont intervenus doivent rester dans le cadre coopératif national et ne procèdent donc qu'à des aménagements. S'agissant de la nécessité de trouver une place aux utilisateurs de la coopérative qui n'en seraient pas membres, il est seulement possible d'imposer que les statuts leur confèrent une place appropriée. C'est donc la participation[4] qui vient ici suppléer la gouvernance démocratique, ce qui ramené au droit français constitue une réconciliation intéressante de deux aspects que nombre de commentateurs opposent dans l'article 1er de la loi de 2014. L'implication des usagers non coopérateurs peut aussi se réaliser par l'intégration comme

---

[1] Loi n°47-1775, 10 sept. 1947, art. 19 octies al. 2.
[2] Loi n°47-1775 du 10 sept. 1947, art. 19 octies al. 3.
[3] Loi n°47-1775 du 10 sept. 1947, art. 19 octies al. 4.
[4]Regione Piemonte, Legge regionale 28 maggio 2021, n. 13. Disposizioni in materia di cooperative di comunità., art. 2 d.

membre de personnes morales représentantes. Rien n'interdit en ce cas de les intégrer à la direction de la coopérative, encore qu'il paraisse difficile d'en faire une obligation statutaire.

L'autre question est financière, relativement au sort des résultats de la coopérative. Dès lors qu'on est dans une coopérative, il y a un capital social et les parts sociales qui le composent sont susceptibles d'être rémunérées : c'est le strict respect de la logique coopérative, sans qu'intervienne l'idée de lucre ; il faut se souvenir que, Pour Gide, ce versement d'intérêts (pas de dividendes) n'est que la juste rémunération du service de mise à disposition financière. La SCIC l'autorise d'ailleurs[1]. Le versement de ristournes est en revanche prohibé[2], ce qui est justifié par l'absence d'exclusivisme ou, peut-être plus précisément, par le multi-sociétariat et l'idée que personne ne peut avoir de ristourne dans ce contexte. La solution mérite discussion et la logique qui la sous-tend n'est pas implacable. Du côté de l'absence d'exclusivisme d'abord, il est clair que l'argument est irrecevable, il suffit de songer aux coopératives de consommateurs qui admettent les non coopérateurs à utiliser leurs services[3] ce qui ne les empêche pas de procéder à la distribution de ristournes à leurs membres, en excluant les sommes provenant « des opérations effectuées avec des clients »[4]. C'est à cet égard qu'il faut distinguer les transactions coopératives des transactions non coopératives. En effet, s'il faut exclure les sommes des transactions coopératives réalisées avec des non coopérateurs, la même solution doit être retenue pour des

[1] Loi n°47-1775 du 10 sept. 1947, art. 19 nonies al. 2.

[2] Loi n°47-1775 du 10 sept. 1947, art. 19 nonies al. 4.

[3] Loi du 7 mai 1917 ayant pour objet l'organisation du crédit aux sociétés coopératives de consommation, JORF n°0126, 9 mai 1917, art. 2.

[4] Loi n°47-1775 du 10 sept. 1947, art. 15 al. 2.

bénéfices provenant de transactions non coopératives, ce qui a parfois été nommé des revenus exceptionnels[1]: qu'on songe par exemple à une plus-value réalisée sur un placement de trésorerie. La définition de la transaction coopérative est intimement liée à l'objet de la coopérative. Or la coopérative de service public a un objet relativement clair et la distribution de ristournes est donc parfaitement envisageable au profit des membres dès lors qu'on limite sa base de calcul à la délivrance du service public à ces membres.

La seule question est celle de l'éventuel sort des transactions effectuées avec des usagers non coopérateurs mais membres d'une personne morale avec laquelle cet usager entretient un lien particulier : ceci peut-il conduire à la distribution de ristournes à cette personne morale à ce titre ? Le strict respect des règles positives l'interdit mais la logique coopérative n'en serait pas violée et des solutions alternatives sont donc envisageables. A la condition que cette personne morale soit une entreprise de l'économie sociale et solidaire, il est déjà possible qu'une réserve spécialement abondée par ces opérations soit dévolue à cette personne en cas de dissolution de la coopérative[2].

Au terme de cette étude, deux observations principales doivent être faites. Techniquement d'abord, la coopérative de service public est une réalité en France, même si elle n'est pas dans le viseur des spécialistes traditionnels des services publics. Elle revêt la forme de coopérative ou en est proche. Or elle présente par nature un certain nombre de particularités qui interrogent les canons admis de la doctrine coopérative. Or la discussion qu'elle soulève n'a jamais été menée de façon approfondie et demeure conçue comme un obstacle à la banalisation de ce modèle.

---

[1] Loi coopérative utopique, art. 45.

[2] Loi n°47-1775 du 10 sept. 1947, art. 19.

Au plan plus général, la différence entre la coopérative comme forme juridique et comme modèle est insuffisamment thématisée, en sorte que la réalité de la coopérative de service public est mal élucidée. Ainsi, les formes qui ont été présentées ici comme des exemples de coopérative de service public sont à la marge de la forme juridique coopérative et n'en sont pas spontanément rapprochées. Certes, la SCIC est certainement plus au cœur du modèle coopératif, mais si on veut bien admettre que des formes juridiques peuvent s'inspirer du modèle coopératif et graviter dans l'orbite de sa forme juridique sans la revêtir, alors la coopérative de service public devient plus variée et nombreuse. Il est évident que ces quelques pages ne font qu'ouvrir le sujet et des recherches plus larges et plus approfondies méritent d'être entreprises compte tenu de l'actualité du thème et de son potentiel futur.

Les nouvelles pratiques des coopératives agricoles

Par Christine Lebel
Maître de conférences en Droit privé
HDR en droit privé
Université de Franche-Comté
Centre de Recherches Juridiques de l'UMLP
Vice-Président de l'Association Française de Droit Rural

Le cadre juridique des coopératives agricoles a évolué concomitamment avec celui des autres formes de coopératives. Toutefois, elles s'en détachent sensiblement depuis des lois du 29 décembre 1906 et du 5 août 1920 sur le crédit et plus nettement avec la loi du 12 juillet 1923 posant les bases du droit coopératif agricole. Après l'adoption de la loi fondamentale du 10 septembre 1947, le régime juridique des coopératives agricoles a sensiblement continué d'évoluer au moyen de textes spécifiques et depuis les décrets du 18 mars 1981 au sein du Livre V du Code rural et de la pêche maritime[1]*. La loi n° 2014-856 du 31 juillet 2014 relative à l'économie sociale et solidaire n'a peut-être pas sensiblement et directement modifié les pratiques des coopératives agricoles, mais elle a permis une prise de conscience dans le cadre des Entretiens Généraux de l'Alimentation*[2] *en 2017 qui ont conduit à des modifications des règles relatives à la gouvernances des coopératives agricoles et redonné une raison d'être aux coopératives agricoles dont la mission première est de*

---

[1] L. Lorvellec, *Droit rural*, éd. Masson, 1988, spéc. p. 371.
[2] EGAlim.

permettre la mutualisation des investissements et des coûts et l'accompagnement des coopérateurs-agriculteurs dans le cadre d'une transition socio-écologique et durable.

De tous temps les agriculteurs se sont regroupés pour accomplir certaines phases de leur activité agricole. Restée pendant longtemps informelle, cette entraide a peu à peu été encadrée par des usages, puis par des normes. L'une des premières formes est certainement la fruitière du Jura, fromagerie constituée par des agriculteurs vivant en zone montagneuse afin de réunir une quantité de lait suffisante pour fabriquer une meule de fromage de Comté, à partir du XIIe siècle. Les éleveurs d'une même commune étaient associés à la fruitière. Deux fois par an, les meules étaient vendues et le prix réparti entre les membres de la fruitière[1]. Puis, le recours aux sociétés coopératives s'est répandu au cours de la seconde moitié du XIXe siècle, dans un contexte de transformations économiques, sociales et agricoles profondes. A cette époque, la France est encore majoritairement rurale, et l'agriculture repose sur des structures très traditionnelles. Les agriculteurs sont confrontés à la dépendance vis-à-vis des marchands pour vendre leurs produits, à l'isolement économique et social mais surtout à un accès limité au crédit, à l'équipement en matériel et aux intrants agricoles (semences, engrais, principalement). Puis, dans le domaine agricole, le

[1] O. Frey, *La genèse du mouvement coopératif et les facteurs de développement des coopératives agricoles*, in Les coopératives agricoles, Identité, gouvernance et stratégies, Larcier 2013, spec. p.20. Les fruitières sont apparues de part et d'autre de la frontière franco-suisse, avec le même finalité la fabrication de fromage, Comté ou Gruyère selon le cas : D. Veillon, *Perspective historique du mouvement coopératif dans l'agriculture française*, RD rur. 2017, Etudes 23 ; Répertoire méthodique et alphabétique de législation de doctrine et de jurisprudence, 1859, V° sociétés fromagères, t. XI, p. 819.

mouvement coopératif s'est plus spécialement développé pendant l'entre-deux-guerres dans le secteur du vin et du blé. Puis à partir des années 1950, il est devenu un acteur majeur de la transformation des produits agricoles et s'étend aux filières de la viande, du lait, notamment avec la création de la marque Yoplait en 1969[1].

Dans le secteur des céréales, la production mondiale de blé s'est accrue alors que la crise économique freinait la consommation et une surproduction de céréales pendant la campagne 1932-1933 est à l'origine de la constitution de coopératives agricoles de stockage. Ainsi, les agriculteurs se sont regroupés en coopérative afin de mutualiser et stocker les récoltes afin d'être en mesure de pouvoir proposer aux acheteurs d'importants volumes à des époques différentes de celle de la moisson : stocker pour vendre mieux plus tard dans l'année, permettant ainsi d'augmenter le prix de vente. Au début, les coopératives louaient des locaux puis progressivement elles ont fait construire des silos de stockage. En raison du gel de 15% des terres imposé par la PAC dans les années 1990, et de la baisse consécutive du prix de vente des céréales est des oléo protéagineux, les coopératives, voyant leur collecte diminuer, se sont regroupées et ont fusionné pour réaliser des économies d'échelle. Puis à partir des années 2002, les coopératives ont créé des filiales afin de mutualiser les commandes et les achats. Quelques années plus tard, elles ont cherché à diminuer les coûts logiques et à trouver de nouveaux débouchés, notamment en exportant.

Les premières caves coopératives ont été créées dans les années 1920. Après la crise du phylloxéra et la replantation des vignes, les vignobles sont devenus plus productifs. Jusqu'alors les marchés vinicoles étaient contrôlés par les négociants, marchands de vins, qui fixaient des prix d'achat très bas. Pour cette raison, les viticulteurs se regroupèrent

[1]D. Veillon, précité, spéc. n° 22.

en coopératives afin de mutualiser les moyens de production et de vinification, tout en améliorant la commercialisation du vin. Les caves coopératives ont investi dans des quais de réception des raisins, dans des pressoirs mécaniques, des cuveries puis des caveaux. Dans un premier temps elles ont vendu leurs vins en vrac afin d'écouler rapidement la production, qui était ensuite réalisée en bouteilles par le négoce. Au cours des années 1970-1980, les caves coopératives ont développé la vente des vins en bouteilles permettant ainsi de faire évoluer leur gamme de produits et afin de répondre à la demande de vins de qualité. Pour cette raison, certaines ont investi dans des magasins et des chaînes d'embouteillage. Globalement, on peut noter qu'elles ont amélioré régulièrement leurs installations pour vinifier dans de meilleures conditions, en lien avec les terroirs et pour vendre en direct aux particuliers et professionnels de la restauration. Dans certains cas, des filiales ont été créées afin de vendre à la grande distribution ou à l'export.

Pour les productions animales, les coopératives liées à l'élevage sont très variées. A côté de celles qui sont de grande taille qui commercialisent les bovins et les ovins ou qui collectent le lait, on trouve des coopératives qui commercialisent des reproducteurs de races déterminées et celles qui fournissent des conseils aux coopérateurs. Leur territoire est variable, parfois très grand, d'autres sont plus limitées géographiquement. Au cours des années 1970, les coopératives spécialisées dans la collecte des bovins et des ovins se regroupent en groupements de producteurs qui fusionnent ultérieurement pour aboutir aux structures existant actuellement dans ce secteur. Elles disposent de filiales destinées à abattre, transformer et commercialiser les produits finis ou exporter les animaux à engraisser, notamment vers l'Italie. Elles proposent un accompagnement technique à leurs coopérateurs et après la crise de la vache folle ont développé des filières de qualité avec des cahiers des charges permettant une complète traçabilité des animaux.

En ce qui concerne le lait, les petites coopératives locales ont dû s'organiser en raison de la modification des pratiques des industries agro-alimentaires, le plus souvent en mettant en place la transformation du lait en yaourts ou fromages blancs (ou produits assimilés) et éventuellement par la fabrication et l'affinage de fromage. Les particularités régionales sont relativement marquées dans le secteur du lait.

Enfin, les coopératives sont également présentes dans le secteur avicole, selon les régions soit pour la production de poulets ou de poules pondeuses, soit pour la production de canards ou d'autres variétés avicoles.

Cette évolution a continué jusqu'à la loi n° 2014-856 du 31 juillet 2014 relative à l'économie sociale et solidaire et à la loi n° 2014-1170 du 13 octobre 2017 d'avenir pour l'agriculture, l'alimentation et les forêts, ainsi que par leurs décrets d'application publiés en 2016[1].

Considérée pendant longtemps comme une société civile, la coopérative agricole avait été, en 1967, soumise à un statut qui lui permettait de bénéficier tantôt de la qualification de société civile, tantôt de la qualification de société commerciale. Puis, depuis la loi n° 72-516 du 27 juin 1972 ont constitué une catégorie de sociétés distinctes des sociétés civiles et commerciales. Cependant, cette règle a été abrogée puis reprise par la loi n°2014-856 du 31 juillet 2014 relative à l'économie sociale et solidaire. En effet, l'article L.521-1 alinéa 2 du Code rural et de la pêche maritime dispose que « Les sociétés coopératives et leurs unions forment une catégorie spéciale de sociétés distinctes des sociétés civiles et des sociétés commerciales. Elles ont

---

[1]Décret n° 2016-1401 du 18 oct. 2016, JO 20 oct. 2016 ; Décret n° 2016-1820 du 21 déc. 2016, JO 23 déc. 2016.

la personnalité morale et la pleine capacité juridique ». Ainsi, bien que régies par des règles spéciales énoncées aux articles L. 521-1 et s. et R. 521-1 et s. du code précité, elles n'en demeurent pas moins soumises aux principes du droit commun des sociétés des articles 1832 à 1844-17 du Code civil. Pour cette raison, la Cour de cassation a rappelé que l'acquisition de la personnalité juridique par une société coopérative agricole est conditionnée par son immatriculation au registre du commerce et des sociétés[1]. Au titre des conséquences de l'existence d'un statut autonome on peut mentionner que les coopératives agricoles ne sont pas assujetties aux obligations des commerçants, que les contrats conclus par elles conservent un caractère civil. En outre, les coopératives agricoles et leurs unions sont obligatoirement des sociétés à capital variable, autrement dit leur capital social fluctue en fonction des souscriptions et des retraits des associés coopérateurs[2], elles ne distribuent pas de bénéfices, mais elle fait profiter ses adhérents de ses services et cette vocation économique répond à la définition de la société de l'article 1832 du Code civil. Toutefois, si elle peut réaliser toutes les opérations et d'accomplir tous les actes juridiques qui correspondent à son objet. Elle doit cependant s'abstenir de dépasser les limites du champ d'activité tel qu'il est envisagé par les règles spéciales du Code rural et de la pêche maritime.

Actuellement les sociétés coopératives agricoles et leurs unions sont régies par le titre II du livre V du code rural et de la pêche maritime consacré aux organismes professionnels agricoles[3] complété des statuts-types[4], les

---

[1] Cass. 1e civ., 6 janv. 2021, n° 19-11.949, Dr. Sociétés 2021, com. 48 note N. Jullian, Bull. Joly Sociétés 2021, n° 4, p. 37 note B. Saintourens, Gaz Pal. 2021, n°22, p. 81 note F. Zattara.

[2] Art L.521-2 Code rural et de la pêche maritime.

[3] Art. L. 521-1 et R. 521-1 et s Code rural et de la pêche maritime.

[4] Arr. 20 févr. 2020, NOR : AGRT2005283A.

articles L. 231-1 et suivants du Code de commerce réglementant les sociétés à capital variable[1], la loi n° 47-1775 du 10 septembre 1947 portant statut de la coopération adaptée au droit communautaire[2], les dispositions de la directive 2003/72/CE du 22 juillet 2003 transposées et le cas échéant, le règlement (CE) n° 1435/2003 du 22 juillet 2003 sur le volet institutionnel et social de la société coopérative européenne.

L'engouement pour ce modèle entrepreneurial de l'économie sociale et solidaire a progressivement muté en défiance notamment sous l'influence des médias et en désamour de la part des pouvoirs publics, très certainement en raison du « poids économique » de certaines coopératives consécutivement au mouvement de concentration opérée au cours des dernières années. En effet, en 2017, on dénombrait 2014[3] coopératives agricoles en France réalisant un chiffre d'affaires de 84 162 267 600 € et, pour les 18 coopératives les plus importantes, un chiffre d'affaires de plus d'un million d'euros[4]. Cette réussite économique, loin de leur valoir l'estime générale leur attire les critiques, au motif qu'elles auraient trahi leur idéal et perdu le contact avec l'agriculteur-coopérateur[5].

---

[1] Ainsi que diverses autres dispositions de ce code relatives aux sociétés anonymes.

[2] Loi n° 47-1775 du 10 sept. 1947.

[3] Environ 2500 en tant compte de leurs unions, dont 550 sont engagées dans l'agriculture biologique. Globalement toutes les coopératives agricoles réalisent 40% du chiffre d'affaires de l'industrie agroalimentaire française et détiennent le tiers des marques françaises (EGAlim, numéro spé. Bulletin n° 523-1 DPEA déc. 2018, spec. p.12).

[4] Observatoire Economique du HCCA Données clôture 2017, consultable sur le site du Haut Conseil de la coopération agricole : https://www.hcca.coop.

[5]S. Crevel, *Loi Egalim : un nouveau paysage normatif pour les coopératives*, Rev.Dr. rur. 2019 Dossier 23, spéc. n° 3. Et l'on peut regretter le comportement national consistant à critiquer

En outre, les coopératives agricoles bénéficient d'un régime fiscal spécifique, qui est pointé du doigt par les opérateurs privés, autrement dit par les entreprises non coopératives et les pouvoirs publics, les premières au motif d'une distorsion dans les conditions de concurrence, les seconds en raison du déficit public et de l'austérité budgétaire. Toutefois, raisonner ainsi revient à oublier que les sociétés coopératives agricoles et leurs unions sont des sociétés spéciales distinctes des sociétés civiles et des sociétés commerciales en application de l'article L.521-1 alinéa 2 du Code rural et de la pêche maritime. Pour cette raison, la Commission européenne a précisé que leur régime fiscal spécifique ne constituait pas une aide d'Etat[1], reprenant ainsi la solution précédemment posée par la CJUE dans un arrêt du 8 septembre 2011[2]. Tel était le contexte sociologique lors du déroulement des Entretiens Généraux de l'Alimentation en 2017.

Ayant pris conscience de la nécessité de faire évoluer le cadre juridique, et en raison de la technicité de cette matière, le législateur a habilité le gouvernement à prendre par ordonnance toute mesure relevant du domaine de la loi afin de réformer le droit de la coopération agricole[3]. Ainsi, l'article 11, I de la loi n° 2018-938 du 30 octobre 2018, dite « loi Egalim I », énonce les mesures devant modifier le Titre II Livre V du Code rural et de la pêche maritime afin de :

« *1°* De renforcer la lisibilité et la transparence des informations contenues dans les documents transmis aux

---

systématiquement toute réussite économique comme étant nécessairement et obligatoirement suspecte.

[1] Communication 2016/C 262/01 du 19 juil. 2016, relative à la notion d'aide d'Etat visée au TFUE, art 107§1.

[2] CJCE 8 sept. 2011, aff jointes C-78/08 à C-80/08, citée par C. Filleton et M. Nossereau, *La spécificité des coopératives agricoles au regard du droit fiscal en France*, RD rur. 2017, Etudes 24.

[3]Loi n°2018-938 du 30 oct. 2018, art 1.

associés coopérateurs par l'organe chargé de l'administration de la société ou adoptés en assemblée générale, notamment le règlement intérieur, le rapport annuel et le document unique récapitulatif ;

2° D'améliorer la lisibilité et la transparence par les associés coopérateurs des modalités de détermination du prix et de la répartition des résultats de la coopérative au travers de l'élaboration de documents appropriés ;

3° D'assurer une meilleure coordination temporelle entre le contrat régissant l'apport de produits de l'associé coopérateur à la société coopérative agricole et le bulletin d'adhésion à cette même société ;

4° De prévoir une proportionnalité entre les indemnités financières induites par le départ anticipé de la société coopérative agricole d'un associé coopérateur et le préjudice subi à la suite de ce départ par les autres associés coopérateurs ou la coopérative, prenant en compte le cas où le départ est motivé par une modification du mode de production ;

5° De prévoir des modalités de sanctions et de contrôle appropriés pour l'application des 1° à 4° ;

6° De recentrer les missions du Haut Conseil de la coopération agricole sur la mise en œuvre, le contrôle et la sanction du droit coopératif et d'adapter les règles relatives à la gouvernance et à la composition de ce conseil ;

7° De modifier les conditions de nomination et d'intervention du médiateur de la coopération agricole pour assurer son indépendance et sa bonne coordination avec le médiateur des relations commerciales agricoles ;

8° D'apporter au titre II du livre V les modifications éventuellement nécessaires pour assurer le respect de la hiérarchie des normes, la cohérence rédactionnelle des dispositions législatives, harmoniser l'état du droit, remédier aux éventuelles erreurs et abroger les dispositions devenues sans objet ».

On constate ainsi que ces 8 thèmes ne comportent ni hiérarchie, ni fil conducteur et que le dernier point constitue un véhicule juridique permettant de rectifier ou coordonner les dispositions légales afin de clarifier la frontière institutionnelle entre les domaines législatif et réglementaires à propos des coopératives agricoles. L'ordonnance n° 2019-362 du 24 avril 2019 relative à la coopération agricole[1] précise la relation entre l'associé-coopérateur et la société coopérative agricole (I). Par ailleurs, on est sous l'influence de divers textes juridiques, les missions des coopératives agricoles ont évolué au cours des dix dernières années notamment par l'accompagnement de la transition agroécologique de l'agriculture ou pour l'utilisation des nouveaux outils numériques, pour n'en citer que quelques-uns (II).

I. Les nouvelles pratiques en matière de gouvernance des coopératives agricoles

Les nouvelles pratiques portent sur l'amélioration de l'information de l'associé-coopérateur et de la gouvernance de la société coopérative agricole ainsi que les conditions du retrait anticipé de l'associé-coopérateur. Les nouvelles dispositions légales prévoient une obligation d'information de l'associé-coopérateur pendant toute l'existence de son statut. Ainsi, dans un souci de transparence, dès son adhésion, le nouvel associé-coopérateur reçoit une information sur les valeurs et les principes coopératifs, ainsi que sur le fonctionnement et les modalités de rémunération de la coopérative auquel il adhère. Le document précise le capital social souscrit, la durée d'engagement, la date d'échéance, les modalités de retrait, les quantités et les caractéristiques des produits à livrer, ainsi que les modalités

[1] JO du 25 avr. 2019.

de paiement et de détermination du prix de ces derniers comprenant s'il y a lieu les acomptes et compléments de prix, telles que prévues par le règlement intérieur[1]. Au cours de la période d'engagement avec la coopérative agricole, l'organe chargé de son administration a l'obligation de mettre à la disposition de chaque associé-coopérateur un document récapitulant les informations contenues par ce dernier. Il l'est également à l'issue de chaque assemblée générale ordinaire. Il précise la durée de l'engagement, la date d'échéance, les modalités de retrait, le capital social souscrit, les quantités et les caractéristiques des produits à livrer, et, conformément au règlement intérieur, les modalités de paiement et de détermination du prix de ces derniers, comprenant, s'il y a lieu, les acomptes et les compléments de prix[2]. Ainsi l'associé-coopérateur reçoit au moins une fois par an cette information, lors de l'assemblée générale d'approbation des comptes annuels.

L'information de l'associé-coopérateur est également complétée en matière de prix qui lui est versé. Ainsi, l'organe chargé de l'administration de la société définit les modalités de détermination et de paiement du prix des apports de produits, des services ou des cessions d'approvisionnement, notamment les acomptes et, s'il y a lieu, les compléments de prix. La répartition des excédents annuels disponibles mentionnés à l'article L.521.3, I, d° du Code rural et de la pêche maritime est décidée par l'assemblée générale ordinaire. Le prix et les compléments de prix constituent la rémunération de l'associé coopérateur[3]. Avant la tenue de l'assemblée générale, l'organe chargé de l'administration de la coopérative doit établir un document présentant la part des résultats de la

---

[1] Code rural et de la pêche maritime, art. L521-1-1 al. 2 et art. L521-3-I.

[2] Code rural et de la pêche maritime, art. L.521-3 I. h°.

[3] Code rural et de la pêche maritime, art. L.521-3-1.

société coopérative qu'il propose de reverser aux associés coopérateurs à titre de rémunération du capital social et de ristournes ainsi que la part des résultats des filiales destinée à la société coopérative, en expliquant les éléments pris en compte pour les déterminer. Ce document est adressé à chaque associé coopérateur avec sa convocation à l'assemblée générale. Lorsque la société coopérative est tenue de désigner un commissaire aux comptes, celui-ci atteste l'exactitude des informations figurant sur le document mentionné au précédent alinéa. Son attestation est jointe à ce document. Si le commissaire aux comptes émet des observations ou s'il refuse de remettre une attestation, il en informe sans délai le Haut Conseil de la coopération agricole[1]. Ces nouvelles dispositions doivent permettre une meilleure lisibilité et transparence dans les modalités de construction et de détermination du prix et de la répartition des résultats de la coopérative agricole.

La gouvernance de la société coopérative agricole est également améliorée. L'article L521-3-2 du Code rural et de la pêche maritime donne un cadre légal au règlement intérieur de la société coopérative agricole en indiquant son rôle et précisant son contenu. L'organe chargé de l'administration de la société adopte le règlement intérieur dans les conditions fixées par les statuts[2] qui complète les règles d'organisation et de fonctionnement fixées par ces derniers. Il ajoute que le règlement intérieur précise notamment les règles de composition, de représentation et de remplacement des membres, de quorum, les modalités de convocation, d'adoption et de constatation des délibérations de l'organe chargé de l'administration et le cas échéant des autres instances, statutaires ou non statutaires, mises en place par la coopérative. Enfin, le règlement intérieur rappelle les conditions dans lesquelles il peut être

[1] Code rural et de la pêche maritime, art. L.521-3-1, II.
[2] Code rural et de la pêche maritime, article L524-1-3 al 2.

recouru à la médiation[1] et, le cas échéant, à tout autre mode de règlement des litiges.

Les conditions de retrait de l'associé-coopérateur ont été précisées en 2021 afin d'avoir une meilleure coordination temporelle entre le contrat d'apport et l'adhésion à la société coopérative en raison de la double qualité de l'agriculteur qui est cumulativement associé et apporteur[2]. Concrètement, il s'agit de déterminer à quelle date l'associé-coopérateur peut reprendre sa liberté, c'est-à-dire de connaître quelle est la date à retenir comme point de départ de l'engagement pour déterminer précisément le terme de ce dernier. Ainsi, l'article L.521-3-3, II du code précité dispose que « la conclusion ou la modification d'un contrat entre la coopérative et l'associé coopérateur, en cours d'engagement statutaire, oblige les parties à définir une date d'échéance unique pour l'engagement coopératif et ce contrat. Celle-ci ne peut pas dépasser la date d'échéance du contrat le plus long ». En cas de retrait anticipé de l'associé-coopérateur, autrement dit avant l'arrivée du terme de son engagement, ce dernier peut être tenu de verser une indemnité à la coopérative agricole à condition que les statuts de cette dernière le prévoient le principe du versement d'une indemnité. L'article L.521-3-3, I du code précise qu'elle doit être proportionnée aux incidences financières du retrait pour la coopérative et doit tenir compte des pertes induites par le retrait de cet associé et de la durée restant à courir jusqu'à la fin de l'engagement.

---

[1] Code rural et de la pêche maritime, art. L.528-3.

[2] EGAlim, numéro spéc,. Bulletin n° 523-1, DPEA déc. 2018, spéc. p.12.

II. Les nouvelles pratiques en matière d'accompagnement et de services aux coopérateurs

L'objet des sociétés coopératives agricoles, déterminé par leurs statuts, est, notamment, l'exercice, quels que soient les moyens techniques mis en œuvre par elles, de l'une ou plusieurs des activités énoncées aux articles R. 521-1 à R.521-3 du Code rural et de la pêche maritime :

- assurer ou faciliter la production, l'écoulement ou la vente, notamment à l'exportation, des produits agricoles et forestiers, provenant exclusivement des exploitations de leurs associés, soit en l'état, immédiatement ou après conservation, soit après conditionnement ou transformation, ainsi que toutes opérations tendant à la constitution, l'amélioration, l'équipement, la conservation et la gestion d'un ou plusieurs massifs forestiers pour le compte de leurs seuls associés. Pour ces activités, le Haut conseil de la coopération agricole peut accorder aux sociétés, à titre temporaire, des dérogations relatives à la provenance des produits agricoles, lorsque des circonstances économiques exceptionnelles sont susceptibles de diminuer de plus de 50 % la capacité normale d'exploitation desdites sociétés ;
- assurer l'approvisionnement de leurs seuls associés en leur procurant les produits, les équipements, les instruments et les animaux nécessaires à leurs exploitations ou à leurs immeubles forestiers, étant entendu qu'elles peuvent fabriquer et préparer tous les produits nécessaires, notamment des aliments composés pour le bétail ou des engrais, et procéder à la réparation et à l'entretien des machines et outils agricoles ;
- fournir à leurs seuls associés et pour l'usage exclusif de leurs exploitations agricoles et forestières tous services nécessaires à ces exploitations, notamment en mettant à leur disposition du matériel, des machines agricoles, des moyens d'entretien et de réparation, des animaux, des

moyens de perfectionnement technique et de formation professionnelle, des organismes d'études, d'expérimentation et d'analyse ainsi que le personnel spécialisé correspondant ;

- d'une manière générale, faire, pour le compte de leurs associés, des opérations ou des travaux entrant normalement dans le cadre de la profession agricole.

Au cours des dernières années, ces activités ont évolué significativement, non pas en termes de catégories (services, investissement, transformation ou commercialisation) mais dans leur finalité afin d'accompagner les exploitants agricoles vers de nouvelles pratiques en matière de transition agroécologique et durabilité[1], avec la mise en place de nouveaux services en agriculture de précision. Ainsi elles ont permis la réduction significative des intrants chimiques (pesticides, engrais) dans les pratiques culturales, ont contribué à la transformation de méthodes dites conventionnelles vers l'agriculture biologique notamment par l'accompagnement à la labellisation BIO ou à la certification HVE[2], ont soutenu la mise en œuvre du retour à une diversification des cultures pour préserver la biodiversité, de la réalisation d'opération destinée au stockage du carbone tout spécialement par la promotion de l'agroforesterie[3] notamment par la réintroduction des haies et par le

---

[1]Plan stratégique national (PAC 2023–2027).

[2] Haute Valeur Environnementale.

[3]Association volontaire et maîtrisée d'une végétation arborée ou arbustive, sauvage ou cultivée, plantée ou spontanée et d'une production végétale, animale ou mixte. Les espèces ligneuses peuvent être réparties uniformément ou inégalement, ou en bordure de parcelle agricole. Les systèmes agroforestiers ainsi formés fournissent des services écosystémiques et des produits à différentes échelles (parcelle, exploitation agricole ou unité paysagère), Source : Association Réseau Rural Agroforestier Français.

sylvopastoralisme[1] qui est un outil d'aménagement de l'espace. Le pâturage des espaces boisés permet d'entretenir et de valoriser le milieu forestier. La végétation inflammable est consommée par les animaux et permet de prévenir les incendies. Cette pratique pérennise des paysages durables et des pratiques agricoles durables, tout en maintenant des espaces ouverts.

On peut également mentionner au titre des nouvelles pratiques l'accompagnement des associés coopérateurs vers une agriculture de précision grâce aux outils numériques développés spécialement à destination du monde agricole. L'évolution vers une agriculture de précision a pour objectif de maximiser les rendements tout en réduisant les impacts environnementaux. Concrètement par la présence de robots de précision dans les parcelles cultivées, les exploitants agricoles peuvent, et lorsque cela est strictement nécessaire, procéder à des traitements sur les cultures avec une rare précision sur les zones où les plantes sont agressées par les insectes ou les champignons divers et variés qui sont des ravageurs de culture. Ainsi, les projections sont ciblées et limitées en volume : mieux et moins. De même, en élevage, l'utilisation des caméras dotées d'intelligence artificielle permet de déterminer tout comportement anormal d'animaux afin de réagir au plus vite pour le bien-être des animaux.

Globalement, les coopératives agricoles sont aujourd'hui une interface technologique entre recherche, start-up et agriculteurs. Pour être exhaustif, il convient d'ajouter à cette courte liste des nouvelles pratiques des coopératives

---

[1] Le sylvopastoralisme est l'intégration d'une activité d'élevage au sein d'espaces boisés. Il répond à des objectifs à la fois forestiers et pastoraux. Il consiste en la conduite d'élevages ovins, bovins, caprins ou porcins sous couverts arborés. Les élevages de volailles peuvent également être concernés par cette pratique dans le cadre de parcours volailles sous forêt.

agricoles, le portage du foncier par ces dernières au bénéfice de nouveaux agriculteurs ne disposant pas nécessairement de la surface financière suffisante pour pouvoir avoir accès à une exploitation agricole leur permettant de réaliser une activité agricole viable et pérenne. On constate ainsi qu'au cours des dix dernières années, les coopératives agricoles ont su relever le défi de la crise de confiance à laquelle elles ont dû faire face afin de continuer l'accompagnement de leurs adhérents. Toutefois, des nouvelles difficultés sont apparues dernièrement, notamment en matière viticole, ce qui conduit à penser que l'évolution vers de nouvelles pratiques n'est pas achevée.

Tiers-lieu et entreprise de l'économie sociale et solidaire : un mariage de raison ?

par Yoann Geny
Doctorant
Juristes ESS - SCOP SARL Les engagées
Réviseur coopératif SCIC et SCOP

Inconnue il y a encore dix ans, la notion de tiers-lieu présente aujourd'hui une dynamique importante en France comme l'atteste la création récente du GIP « France Tiers-lieu » le 1er septembre 2022[1]. En outre, en 2022, nous comptons près de 3500 tiers-lieux sur tout le territoire national[2] autant en ville qu'à la campagne, de taille et de dynamique projet très diverses. Pourtant s'il s'agit bien pour le juriste d'un sujet intéressant et actuel, il reste néanmoins étrange dès lors que cette notion de « tiers-lieu » trouve sa place dans un colloque consacré à "La reconnaissance légale de l'ESS : où en est-on 10 ans après ?"[3]. Il est vrai, le lien entre les deux notions se fait assez naturellement. Cela tient, d'une part, au fait que les acteurs de l'Economie

[1]Arrêté du 14 avril 2022 portant approbation de la convention constitutive du groupement d'intérêt public dénommé "France Tiers Lieux", JORF [en ligne], n° 0091, 17 avril 2022. Disponible sur : https://www.legifrance.gouv.fr/jorf/id/JORFTEXT000045593081, (consulté le 8/06/2025).

[2] France Tiers Lieux, *Nos territoires en action,* Rapport sur les enjeux de développement des tiers-lieux, juin. 2021, 284 pages. Disponible sur https://francetierslieux.fr/wp-content/uploads/2022/04/Rapport-France-Tiers-Lieux-2021-complet.pdf (consulté le 8/06/2025).

[3] Colloque ARJESS – *La reconnaissance légale de l'ESS : où en est-on 10 ans après* ?, disponible sur : https://colloquearjess.sciencesconf.org/ (consulté le 8/06/2025).

Sociale et Solidaire s'en sont largement saisis. Et, d'autre part, qu'il est notable que de nombreux tiers-lieux ont fait le choix d'une structuration juridique intégrant une ou plusieurs entreprises de l'Economie sociale et solidaire[1]. Au fond, en quoi un sujet traitant du tiers-lieu et de l'ESS est-il réellement intéressant ?

De notre point de vue, le sujet présente un double intérêt. En premier lieu, parce que déterminer si le tiers-lieu a la qualité d'entreprise de l'Economie Sociale et Solidaire, c'est pousser le juriste spécialiste de cette matière dans ses retranchements : opérer la qualification juridique d'une telle situation impose d'en définir précisément les contours, ce qui n'est pas un exercice aisé. En second lieu, s'interroger sur ce point, c'est également déterminer si le tiers-lieu ne pourrait-il pas être admis dans le périmètre de l'Economie Sociale et Solidaire et, ce faisant, se voir attribuer d'office le régime avantageux dont jouissent ces structures. Ce dernier point est un élément déterminant de la stratégie de beaucoup de projets de tiers-lieu. A ce stade, impossible de poursuivre correctement l'analyse de ces problématiques sans déterminer efficacement la définition des termes du sujet. La difficulté tient au fait que pour l'entreprise de l'ESS, la définition est incertaine et que pour le tiers-lieu, le juriste la cherche encore !

Commençons par définir l'entreprise de l'ESS. Cela appelle deux précisions importantes. En premier lieu, s'il existe bien une définition à l'article 1er de la loi n°2014-856 du 31 juillet 2014[2], elle nous paraît difficilement

---

[1]Agence nationale de la cohésion des territoires, publication des Juristes embarqués : *La créativité réglementaire pour les tiers-lieux créateurs de communs* [en ligne]. Disponible sur : https://anct-site-prod.s3.fr-par.scw.cloud/s3fs-public/2021-05/JURISTES%20EMBARQU%C3%89.ES%20V4bis.pdf?VersionId=1736359044660047 (consulté le 8/06/2025).

[2]Loi n° 2014-856 du 31 juillet 2014 relative à l'économie sociale et solidaire, JORF [en ligne], n° 0176, 1 août 2014. Disponible sur :

mobilisable pour le sujet qui nous intéresse. En effet, sans rentrer dans les détails, cette définition présente un caractère indéniablement objectif en ce qu'elle précise, en dressant une liste, quelles sont les différentes entreprises qui ont la qualité d'entreprise de l'ESS. Ainsi, sont listées quatre catégories d'entreprises qui ont « de droit » cette qualité : ce sont les associations, les coopératives, les fondations et les mutuelles qui, du seul fait de leur déclaration sous cette forme auprès au greffe acquièrent automatiquement la qualité d'entreprise de l'ESS. A côté, il existe une deuxième série d'entreprises qui obtiennent « sous conditions » cette qualité. Ce sont toutes les sociétés commerciales pour lesquelles leurs associés ont volontairement fait le choix de modifier les statuts pour ajouter les clauses imposées par le II du 2 de l'article 1 de la loi n°2014-856 du 31 juillet 2014[1]. Notons que le tiers-lieu ne fait pas partie de cette liste. D'où, en second lieu, la nécessité de mobiliser une autre définition reposant sur les caractères traditionnellement admis par le juriste en droit de l'Economie sociale et solidaire. Ainsi, pour parler de l'entreprise de l'Economie Sociale et Solidaire –éléments que nous avons d'ailleurs retenus pour la 1re partie de notre colloque[2]- sont décrits : l'exigence d'utilité sociale, la nécessité d'une gouvernance démocratique et un but qui ne serait pas simplement celui de réaliser des bénéfices. Ce sont ces critères que nous retiendrons dans le cadre de nos développements. Poursuivons en s'attaquant, à présent, à la notion de tiers-lieu. C'est un exercice nettement plus

---

https://www.legifrance.gouv.fr/loda/id/JORFTEXT000029313296 (consulté le 8/06/2025).

[1]S. Chaillou-Gillette, Ouverture *de l'ESS aux sociétés commerciales : 10 après, quel(s) bilan (s) ?*, JA 2024, n°709, p.21.

[2] Colloque ARJESS, *La reconnaissance légale de l'ESS : où en est-on 10 ans après* ? (Table ronde numéro 1 – le champ renouvelé des entreprises de l'ESS), disponible sur : https://colloquearjess.sciencesconf.org/ (consulté le 8/06/2025).

difficile car le droit ne lui connaissant aucune définition juridique, il va falloir nous appuyer sur d'autres sources que les dispositions légales ou réglementaires.

D'abord, notons que le tiers-lieu fait une apparition timide dans notre droit depuis 2019. Nous avons recensé une vingtaine de décisions mobilisant la notion mais sans grand intérêt pour en définir les contours[1]. Il existe également plusieurs accords d'entreprise sur le télétravail dont certains s'essaient à définir la notion de tiers-lieu mais en se limitant à confondre le tiers-lieu avec l'espace de coworking. Soulignons néanmoins l'effort de certains accords à définir les tiers-lieux comme « des espaces de travail partagés et collaboratifs où des personnes viennent travailler à distance »[2]. Il existe également quelques circulaires relatives à des projets de tiers-lieux subventionnables et à la création du GIP France Tiers-lieu. Enfin, si certains auteurs évoquent la notion de tiers-lieu sous l'angle de ses caractères[3], il ne ressort aucune véritable de définition.

---

[1]Pour exemples : Cour d'appel de Metz, 8 avril 2025, 22/01772 ; Tribunal administratif de Rouen, 4 novembre 2024, 2404352 ; Cour administrative d'appel de Toulouse, 3e Chambre, 19 septembre 2023, 21TL22970.

[2] Convention collective nationale des bureaux d'études techniques, des cabinets d'ingénieurs-conseils et des sociétés de conseils du 16 juillet 2021 (Avenant n° 46 du 16 juillet 2021), accord du 13 décembre 2022 relatif à l'organisation hybride du travail en entreprise, article 1, disponible sur : https://www.legifrance.gouv.fr/conv_coll/article/KALIARTI000047348367?datePubli=&dateSignature=&init=true&page=1&query=%22tiers-ieu%22&searchField=ALL&tab_selection=kali#KALIARTI000047348367 (consulté le 8/06/2025).

[3] T. Giraud, *T.... comme - Tiers-lieu*, JA, 2024, n°710, p.47.

Certains revendiquent la consécration d'une certaine définition du tiers-lieu[1]. En effet, popularisé, le terme ce serait risquer de totalement le vider de sa substance. Sans précaution, la notion de tiers-lieu pourrait tout à la fois désigner les lieux engagés dans la transition économique, écologique et sociale mais aussi beaucoup d'autres lieux qui auraient intérêt à profiter de la connotation positive de cette notion. Nous citerons notamment les centres commerciaux ou les assurances[2] qui trouveraient ici une solution, à moindre coût, pour gérer efficacement leur patrimoine immobilier. Il s'agit donc, pour certains acteurs, d'écarter certains lieux pour avantager une certaine conception du tiers-lieu. C'est ce qui explique qu'une tentative de définition juridique du tiers-lieu ait été proposée lors de la journée d'étude « structuration juridique du tiers-lieu » qui s'est tenue le 22 juin 2023 à l'université de droit de Rennes organisé dans le cadre de la Chaire de droit économique Claude Champaud[3]. Peut, ainsi, « (être)considéré comme tiers-lieu, tout espace remarquable d'un territoire librement accessible au public et détenu en commun, sur lequel plusieurs personnes exploitent une ou plusieurs entreprises en vue d'y exercer des catégories d'activités de nature différente présentant un caractère d'utilité sociale et associant pour leur gestion et leur administration plusieurs catégories de parties prenantes ». Dès lors, faute de

---

[1]Bretagne Tiers-Lieu, *Qu'est-ce qu'un tiers-lieu,* Disponible sur : https://www.bretagnetierslieux.bzh/quest-ce-quun-tiers-lieu/ (consulté le 8/06/2025).

[2] Par ex. (Groupama) : La Nouvelle République, "*Cité du numérique, le département de Loir-et-Cher veut aller plus vite*", disponible sur : https://www.lanouvellerepublique.fr/blois/cite-du-numerique-le-departement-de-loir-et-cher-veut-aller-plus-vite.

[3] Fondation de l'Université de Rennes I, Journée d'étude du 22 juin 2023, *La structuration juridique du tiers-lieu,* disponible sur : https://fondation.univ-rennes.fr/inscription-atelier-de-linnovation-2223-juin-2023-structuration-juridique-des-tiers-lieux.

bénéficier d'autres sources, c'est cet essai de définition juridique du tiers-lieu que nous retiendrons pour la suite de notre développement. Nous l'avons vu, il existe indéniablement des points de contact entre la notion d'entreprise de l'ESS et celle de tiers-lieu. Toutefois, se poser la question de savoir si le tiers-lieu est une entreprise de l'ESS, c'est aussi tenter de connaître la qualité de la relation qu'ils entretiennent : simple association ou mariage de raison ? Autrement dit, le tiers-lieu présente-t-il les caractères essentiels de l'entreprise de l'ESS, à savoir l'utilité sociale (I), la gouvernance démocratique (II) et la limitation de la lucrativité (III) ?

I. Le caractère d'utilité sociale du projet de tiers-lieu

Le Droit connaît deux grandes approches de l'utilité sociale. Une première déclinée à l'article 2 de la loi n°2014-856 du 31 juillet 2014 relative à l'ESS[1]. Et, une seconde, proposée en matière de droit fiscal des organismes sans but lucratif[2].

[1]Loi n° 2014-856 du 31 juillet 2014 relative à l'économie sociale et solidaire, article 2 JORF, n° 0176, 1 août 2014. Disponible sur : https://www.legifrance.gouv.fr/loda/id/JORFTEXT000029313296 (consulté le 8/06/2025).

[2] BOFIP, IS - Champ d'application et territorialité - Collectivités imposables - Organismes privés autres que les sociétés - Conditions d'assujettissement des organismes privés - Critères généraux d'appréciation de la non-lucrativité , n° BOI-IS-CHAMP-10-50-10-20, disponible sur : https://bofip.impots.gouv.fr/bofip/2358-PGP.html/identifiant%3DBOI-IS-CHAMP-10-50-10-20-20170607 (consulté le 8/06/2025).

1. 1.La notion d'utilité sociale par le prisme de la loi du 31 juillet 2014

Les sociétés commerciales qui entendent participer à l'économie sociale et solidaire[1] doivent rechercher « une utilité sociale au sens de l'article 2 » de la loi n°2014-856 du 31 juillet 2014. Le présent article se borne à dresser une liste d'activités qui présenteraient, a priori, un tel caractère. Sont ainsi qualifiées d'utilité sociale les activités de « soutien à des publics vulnérables », de « maintien ou la recréation solidarités territoriales », de « participation à l'éducation à la citoyenneté », de « concours au développement durable » et, depuis la loi n°2025-127 du 14 février 2025[2] de « concours à la préservation et à la mise en valeur des monuments historiques et des sites, parcs et jardins protégés ». Aussi, pour poursuivre une utilité sociale au sens du présent texte, l'objet social du tiers-lieu devra remplir l'une des conditions précisées ci-avant. Autrement dit, l'activité principalement exercée dans le cadre du tiers-lieu devra objectivement viser l'une des cinq conditions précisées à l'article 2 de la loi n°2014-856 du 31 juillet 2014.

En pratique, cette définition est malheureusement peu opérante car il apparaît difficile, voire impossible d'écarter certaines activités au profit d'autres. Le périmètre de la notion étant relativement étendue, toute activité peut, par une interprétation extensive, répondre à l'une de ces conditions. Au surplus, aucune sanction n'est véritablement prévue en dehors d'une hypothétique démarche de la

---

[1]J. Monnet, *L'ouverture du secteur de l'ESS aux sociétés commerciales*, Dr. Des sociétés, 2014, Etude 22.

[2] Loi n° 2025-127 du 14 février 2025 de Finances pour 2025 (1), JORF, n° 0039, 15 février 2025. Disponible sur : https://www.legifrance.gouv.fr/loda/id/LEGIARTI000051173049/2025-02-16/ (consulté le 8/06/2025).

Chambre Régionale de l'Economie Sociale et Solidaire[1]. Le tiers-lieu est indéniablement une démarche collective. Regardée comme « librement accessible au public », « détenu en commun » et « sur lequel plusieurs personnes exploitent une ou plusieurs entreprises », il est patent que le tiers-lieu, par son activité, participe, a minima, au « maintien ou la recréation solidarités territoriales ». Ce faisant, au regard des conditions posées à l'article 2 de la loi n°2014-856 du 31 juillet 2014, il paraît tout à fait probable que le tiers-lieu remplisse la condition d'utilité sociale de ses activités.

2. La notion d'utilité sociale par le prisme de la fiscalité des organismes sans but lucratif

Il existe une seconde approche de la notion d'utilité sociale en droit fiscal des organismes sans but lucratif. Elle est utilisée pour connaître de la situation fiscale de l'organisme sans but lucratif au regard des impôts commerciaux : l'organisme devra réunir certaines conditions parmi lesquelles faire la preuve que la majorité de ses activités sont d'utilité sociale (au sens du droit fiscal) pour bénéficier de l'exonération générale des impôts commerciaux[2]. Ainsi, doivent être regardées comme d'utilité sociale, les activités satisfaisant aux conditions de gestion décrites au bulletin officiel des finances publiques

---

[1]T. com. Bobigny, ord. réf., 11 avr. 2023, n° 2023S00565, *Contrôle de la qualité d'entreprise d'économie sociale et solidaire : une illustration rare et inspirante,* RTDCom. avril-juin 2023, 2, p.397-409, obs. D. Hiez.

[2] BOFIP, IS - Champ d'application et territorialité - Collectivités imposables - Organismes privés autres que les sociétés - Conditions d'assujettissement des organismes privés - Critères généraux d'appréciation de la non-lucrativité, n° BOI-IS-CHAMP-10-50-10-20, disponible sur : https://bofip.impots.gouv.fr/bofip/2358-PGP.html/identifiant%3DBOI-IS-CHAMP-10-50-10-20-20170607 (consulté le 8/06/2025).

BOI-IS-CHAMP-10-50-10-20 n°570. D'abord, l'organisme devra montrer en quoi ses activités sont utiles socialement. Ainsi, le produit proposé devra "tendre à satisfaire un besoin qui n'est pas pris en compte par le marché ou qui l'est de façon peu satisfaisante". En outre, "sont susceptibles d'être d'utilité sociale les actes payants réalisés principalement au profit de personnes justifiant l'octroi d'avantages particuliers au vu de leur situation économique et sociale (chômeurs, personnes handicapées notamment, etc.". Ensuite, l'utilité sociale des activités nécessite "d'évaluer si les efforts faits par l'organisme pour faciliter l'accès du public se distinguent de ceux accomplis par les entreprises du secteur lucratif, notamment par un prix nettement inférieur pour des services de nature similaire". Enfin et de manière plus accessoire, si l'utilité sociale de l'activité est avérée, il ne semble pas nécessaire que l'organisme fasse appel à des opérations de publicité. C'est pourquoi, l'absence de publicité constitue également un indice de l'utilité sociale des activités. La caractérisation de l'utilité sociale de l'activité appréhendée par le droit fiscal des organismes sans but lucratif ne repose pas sur une liste d'activités ayant ce caractère mais décrit et analyse les modalités de l'exécution des activités.

S'agissant du tiers-lieu, il n'est pas non plus certain que l'ensemble des activités envisagées satisfont les critères déterminés par le droit fiscal. A titre d'exemple, le projet de tiers-lieu insulaire Propice, à Le Palais (Belle-Île-en-Mer) se propose de créer un espace qui accueillera un bar, un restaurant, un espace hôtelier pour des résidences d'artistes, des locations de salles pour des associations du territoires, une salle de spectacle et dédiés à d'autres évènements culturels[1]. Ici, seules les activités socio-culturelles et culturelles répondent favorablement à la grille d'analyse

[1]Propice, *Le tiers-lieu insulaire Belle-île en mer*, Disponible sur : https://www.propice.bzh/ (consulté le 8/06/2025).

des “4P”. Au total, si le tiers-lieu répond a priori aux exigences d’utilité sociale posée par la loi n°2014-856 du 31 juillet 2014, il est moins certain que l’ensemble de ses activités puissent être considérées comme d’utilité sociale au regard des règles d’interprétation posées par le droit fiscal des organismes sans but lucratif.

II. La gouvernance (démocratique) du tiers-lieu

Le tiers-lieu est-il administré, géré et développé de manière démocratique ? Quelles sont ses modalités de gouvernance ? Implique-t-elle une pluralité de parties prenantes telles que les bénéficiaires, les producteurs, les salariés et les partenaires ? Il est difficile de s’appuyer sur une définition de la gouvernance démocratique. Etrangement, il n’en existe aucune alors que la loi n°2014-856 du 31 juillet 2014 l’évoque explicitement à l’alinéa 3 de l’article 1[1]. Le droit coopératif n’est toutefois pas étranger à la notion de gouvernance démocratique. Ainsi, l’article 1 de la loi n°47-1775 du 10 septembre 1947 tout en consacrant le principe de gouvernance démocratique rappelle la règle selon laquelle « chaque membre coopérateur dénommé, selon le cas, "associé" ou "sociétaire", dispose d'une voix à l'assemblée générale »[2]. Réduire la gouvernance démocratique à la seule règle “une tête, une voix” n’est peut-être pas satisfaisant. A cet égard, le guide définissant les conditions d’amélioration continue

[1]Loi n° 2014-856 du 31 juillet 2014 relative à l’économie sociale et solidaire, article 3 JORF, n° 0176, 1 août 2014. Disponible sur : https://www.legifrance.gouv.fr/loda/id/JORFTEXT000029313296 (consulté le 8/06/2025).

[2] Loi n° 47-1775 du 10 septembre 1947 portant statut de la coopération, art.1, disponible sur : https://www.legifrance.gouv.fr/loda/article_lc/LEGIARTI000029320774 (consulté le 8/06/2025).

des bonnes pratiques des entreprises de l'ESS est de ce point de vue éclairant[1]. Sont ainsi précisées, au thème 1, « les modalités effectives de gouvernance démocratique » qui recoupent cinq domaines d'action : l'exercice du pouvoir, la culture de la démocratie, la composition des instances statutaires, la séparation et l'équilibre des pouvoirs et la transparence. Précisons que la portée de ce guide est, en pratique, toute relative dans la mesure où l'article 3 de la loi n°2014-856 du 31 juillet 2014 se borne à imposer aux entreprises de l'ESS qu'elles « présentent des informations sur l'application de ce guide » lors de leur assemblée générale, ce qui n'est (malheureusement) presque jamais réalisé en pratique. Au regard de ces éléments, il nous est difficile de considérer que la gouvernance des tiers-lieux présente un caractère démocratique.

Deux éléments permettent de nous en convaincre. D'abord parce que certains tiers-lieux, dans une logique de sécuriser les intérêts des fondateurs du projet, se structurent en société commerciale et appliquent la règle de gouvernance capitaliste : « une action = une voix ». Ensuite, parce que, pour les tiers-lieux qui appliqueraient effectivement le principe *« une personne = une voix »,* ce n'est pas un caractère suffisant pour attester du caractère démocratique de la gouvernance.

---

[1] Conseil supérieur de l'Economie Sociale et Solidaire, Guide définissant les conditions d'amélioration continue des bonnes pratiques des entreprises de l'Economie Sociale et Solidaire, (Livret 1), disponible sur : https://www.economie.gouv.fr/files/files/PDF/2017/guide_bonnes_pratiques_ess.pdf (consulté le 8/06/2025).

III. La lucrativité limitée

Le tiers-lieu, comme l'entreprise de l'économie sociale et solidaire, est-il caractérisé par une lucrativité limitée ? Pour répondre à cette question, encore faudrait-il déterminer ce qu'entend le législateur par lucrativité limitée. A titre liminaire, rappelons que cette notion n'apparaît pas dans la loi n°2014-856 du 31 juillet 2014 qui se borne à rappeler que l'Economie Sociale et Solidaire poursuit un but « autre que le seul partage des bénéfices » et que ses entreprises appliquent une gestion conforme à un certains nombres de principes parmi lesquels un objectif « de maintien ou de développement de l'entreprise » et une obligation de mise en réserve « impartageable ».

Pour autant, le législateur et la jurisprudence ne sont pas totalement étrangers à une réflexion sur le sujet. D'abord parce que le point d'ancrage de la notion de lucrativité trouve sa source à l'article 1832 du Code civil[1] qui donne pour seule finalité à la société, le partage des bénéfices ou le profit relatif à une économie qui résulterait de l'exécution de ce contrat : pour le dire plus simplement, une finalité lucrative. Ensuite parce que cette notion trouve à l'article 1 de la loi du 1er juillet 1901 relative au contrat d'association[2] son exact opposé avec la notion de « but non lucratif ». Deux extrêmes d'une même notion rappelée par le célèbre arrêt « caisse rurale de Manigod »[3] : le juge avait ainsi

---

1 Code civil, article 1832, Disponible sur : https://www.legifrance.gouv.fr/codes/article_lc/LEGIARTI000006444041 (consulté le 8/06/2025).

2 Loi du 1er juillet 1901 relative au contrat d'association [en ligne]. Disponible sur : https://www.legifrance.gouv.fr/loda/id/LEGITEXT000006069570/ (consulté le 8/06/2025).

3 Cass. Ch. Réunies 11 mars 1914, Caisse rurale de Manigod, D. 1914, I, 257, note Sarrut : *« Attendu que l'expression bénéfice à le même sens dans les deux textes et s'entend d'un gain pécuniaire ou d'un gain*

analysé que « la différence qui distingue la société de l'association consiste en ce que la première comporte essentiellement comme condition de son existence la répartition des bénéfices faits en commun, tandis que la seconde l'exclut nécessairement ». C'est au regard de cette distinction (radicale) que la notion de lucrativité limitée apparaît intéressante. Il ne s'agit pas d'être exhaustif dans notre analyse de la notion de lucrativité limitée mais nous pourrons utilement reprendre à notre compte les développements de certains auteurs[1] qui ont cherché à montrer l'évolution de la notion à l'échelle européenne. Quatre étapes ont retenu notre attention. D'abord, un arrêt de la CJUE en date du 8 septembre 2011 a confirmé la singularité du statut coopératif en analysant le rapport entretenu par cette structure avec la lucrativité[2]. Considérant d'une part, que « la rémunération du capital emprunté et des participations limitées rend les investissements (...) moins avantageux » et d'autre part, que « les marges bénéficiaires (sont) nettement inférieures (à ce qui se fait dans les entreprises classiques) », le juge européen reconnaît implicitement que la structure coopérative devra être traitée différemment de l'entreprise à but lucratif. Ensuite, en cohérence avec cette décision, « un régime d'imposition plus favorable » a été introduit à l'article 107§1 TFUE à la faveur des coopératives

---

matériel qui s'ajouterait à la fortune des associés ; que dès lors, la différence qui distingue la société de l'association consiste en ce que la première comporte essentiellement comme condition de son existence, la répartition entre associés des bénéfices fait en commun tandis que la seconde l'exclu nécessairement ».

[1] L. Driguez, *De l'intérêt de créer un nouveau concept : la lucrativité limitée*, Working Paper, CIRIEC No. 2019/08, [20 janvier 2022]. https://www.ciriec.uliege.be/wp-content/uploads/2019/07/WP2019-08.pdf .

[2] CJUE, 8 sept. 2011, Aff. Jointes C-78/08, C-79/08 et C-80/08, Paint Graphos, Rec., p. I-07611.

respectant les conditions d'une lucrativité limitée[1]. Plus récemment, les textes relatifs à l'entreprise sociale renforcent l'idée d'une plus grande prise en compte, à l'échelle européenne, de la notion. Le règlement européen n°1296/2013 EaSI impose à l'entreprise souhaitant se prévaloir de la qualité d'entreprise sociale d'apporter la preuve d'une « produ(ction) d'effets sociaux positifs plutôt que la généra(tion) de profits » et d'une « utilisation des bénéfices pour son objectif principal »[2]. Enfin, le 19 juin 2019, le conseil économique social européen par un avis d'initiative INT/871 envisage l'introduction de la notion de lucrativité limitée en droit de l'union européenne[3].

En synthèse, poser la question de la lucrativité limitée de l'entreprise de l'ESS, c'est déterminer s'il existe une limite de rémunération du capital ou du financement souscrit, une maîtrise corrélative de la marge bénéficiaire en vue de produire des externalités positives sur le plan social et environnemental et assurer la poursuite du projet

---

[1]Europe en France, Les aides accordées par les Etats, disponible sur : https://www.europe-en-france.gouv.fr/sites/default/files/article_107_et_suivants_du_tfue.pdf (consulté le 8/06/2025).

[2] Règlement (UE) du Parlement européen et du Conseil, n°1296/2013 EaSI, Règlement (UE) n°1296/2013 du Parlement européen et du Conseil du 11 décembre 2013 établissant un programme de l'Union européenne pour l'emploi et l'innovation sociale (EaSI) et modifiant la décision n°283/2010/UE instituant un instrument européen de microfinancement Progress en faveur de l'emploi et de l'inclusion sociale du 11 décembre 2013. Disponible sur : https://eur-lex.europa.eu/LexUriServ/LexUriServ.do?uri=OJ:L:2013:347:0238:0252:FR:PDF (consulté le 8/06/2025).

[3] Conseil économique social européen, avis d'initiative INT/871, *Vers un cadre juridique européen adapté pour les entreprises de l'économie sociale,* 19 juin 2019, disponible sur : https://www.eesc.europa.eu/fr/our-work/opinions-information-reports/opinions/vers-un-cadre-juridique-europeen-adapte-pour-les-entreprises-de-leconomie-sociale-avis-dinitiative (consulté le 8/06/2025).

d'entreprise qui ne peut consister en une accumulation de bénéfices. Il est difficile, encore une fois, d'affirmer que le tiers-lieu respecte une lucrativité limitée. Si, elle n'apparaît pas formellement dans la définition retenue en introduction, il n'en demeure pas moins que la structuration juridique de nombre de tiers-lieux entend limiter la lucrativité du projet[1]. En pratique, deux nuances méritent toutefois d'être relevées. D'une part, en vue de sécuriser la détention patrimoniale, il n'est pas rare de voir les fondateurs d'un tel projet choisir de distinguer la détention du bien en constituant une société commerciale ou une société civile immobilière, de l'exploitation proprement dite[2]. Ce faisant, ces fondateurs pourront profiter personnellement des fruits produits par le tiers-lieu sous la forme de loyers : une dérogation au principe de limitation de la lucrativité ? D'autre part, à l'échelle de l'exploitation, si effectivement beaucoup de tiers-lieux font le choix de se structurer en coopérative, il n'en demeure pas moins que le besoin important en financement et une vision culturelle de l'entreprise lucrative, conduisent les fondateurs de projet de tiers-lieu à déroger au principe de lucrativité limitée.

En conclusion, nous l'avons vu, bien que nombre de tiers-lieux empruntent certains caractères fondamentaux de l'ESS, il n'est pas évident de les reconnaître comme entrant formellement dans le champ de l'économie sociale et solidaire. De notre point de vue, c'est ce qui rend essentielle la consécration d'une définition juridique du tiers-lieu. Pour conserver le caractère éthique, respectueux des contraintes économiques, environnementales et sociales, il faut appeler

---

[1]Agence nationale de la cohésion territoriale, Publication : Juristes embarqués : *La créativité réglementaire pour les tiers-lieux créateurs de communs*, disponible sur : https://anct-site-prod.s3.fr-par.scw.cloud/s3fs-public/2021-05/JURISTES%20EMBARQU%C3%89.ES%20V4bis.pdf?VersionId=1736359044660047 (consulté le 8/06/2025).

[2] RTES, Accès au foncier des acteurs de l'ESS, janvier 2025.

de nos vœux la sanctuarisation du tiers-lieu sur une base exigeante sans quoi le tiers-lieu perdra tout son sens... Autrement dit, entre le tiers-lieu et l'entreprise de l'ESS, il nous faut organiser un mariage... de raison !

Table des matières

Structures éditoriales du groupe L'Harmattan

L'Harmattan Italie
Via degli Artisti, 15
10124 Torino
harmattan.italia@gmail.com

L'Harmattan Hongrie
Kossuth l. u. 14-16.
1053 Budapest
harmattan@harmattan.hu

L'Harmattan Sénégal
10 VDN SICAP AMITIE 3
BP 45034 Dakar-Fann
direction@senharmattan.com

L'Harmattan Cameroun
Tsinga/Derrière polyclinique FECAFOOT
BP 11486 Yaoundé
Jacques.koukam@harmattan.fr

L'Harmattan Burkina Faso
Villa 281, secteur 23 623, rue 14.32
Ouagadougou
zagbie@outlook.fr

L'Harmattan Guinée
Almamya, rue KA 028 OKB Agency
BP 3470 Conakry
harmattanguinee@yahoo.fr

L'Harmattan RDC
185, avenue Nyangwe
Commune de Lingwala – Kinshasa
matangilamusadila@yahoo.fr

L'Harmattan Congo
219, avenue Nelson Mandela
BP 2874 Brazzaville
deunovmikhael@gmail.com

L'Harmattan Mali
Immeuble Mgr Jean Marie Cissé
Aci Hamadallaye
BP 145 Bamako
syllaka@yahoo.fr

L'Harmattan Togo
Djidjole – Maison Amela
face EPP BATOME
02 BP 20680 Lomé
didieramela11@gmail.com

L'Harmattan Côte d'Ivoire
Résidence Karl – Cité des Arts
Abidjan-Cocody
03 BP 1588 Abidjan
harmattan.ivoire@gmail.com

L'Harmattan Bénin
Rue 604, (Immeuble à l'entrée
de la rue UCAO- Cite de Saint-Jean)
Cotonou
stepcorpus@gmail.com

Nos librairies en France

Librairie internationale
16, rue des Écoles
75005 Paris
librairie.internationale@harmattan.fr
01 40 46 79 11
www.librairieharmattan.com

Librairie des savoirs
21, rue des Écoles
75005 Paris
librairie.sh@harmattan.fr
01 46 34 13 71
www.librairieharmattansh.com